高齢者が動けば社会が変わる

NPO法人大阪府高齢者大学校の挑戦

NPO法人大阪府高齢者大学校
［編］

ミネルヴァ書房

はじめに

ＮＰＯ法人大阪府高齢者大学校（以下、高大）は二〇〇九年に創設され、二〇一七年四月で九年目を迎えます。一〇周年を目前に控えた現在、高大の過去・現在を語り、さらに未来を見据え、市民がほぼ自力で立ち上げた生涯学習機関としての思い、計画、使命を述べることが、高大生はもとより、日本のためにも役立つのではと考え、先輩諸氏、お世話になっている高大プロフェッサー（ご指導していただいている大学教授等）と相談し、今回の発刊の運びとなりました。

「第Ⅰ部　ＮＰＯ法人大阪府高齢者大学校のあゆみ」では、高大の過去・現在に言及し「民の力で蘇った健全経営のＮＰＯ法人立ち上げまでの経緯をまとめています。

「第Ⅱ部　多様な視点からみた高齢者の社会活動」では、高齢化問題の専門家（この内の五名は高大プロフェッサーとして活躍中）に各々の分野毎に専門領域について持論を展開していただきました。

「第Ⅲ部　超高齢社会へのＮＰＯ法人大阪府高齢者大学校の挑戦」の中の「第11章　座談会①高齢者が今後担うべき社会的責務を考える――学習をとおして地域社会とつながる意義」「第12

章　座談会②　自分の学習（楽しみ）と社会貢献をつなげるカリキュラム――社会参加促進に向けた挑戦」は、前述した高大プロフェッサーを中心に高大メンバーが学習機関としての使命、社会参加促進、カリキュラム改革等について議論した内容をまとめたものです。そして、「第13章　NPO法人大阪府高齢者大学校の目指すところ――高齢者が社会をサポートする」では、超高齢社会への高齢者の挑戦と私たちの取り組みを捉え、今後、高大はどのような社会貢献を果たしていくべきかについて言及しています。

日本は重大な時期を迎えています。国自体、赤字体質で抜本的な政策を打ち出せず、どうしても総花的、一時的になりがちです。超高齢社会は待ったなしです。しかしながら、悲観することはありません。筆者の印象では、六五歳以上の高齢者約三三〇〇万人の内の八〇％は元気なシニアです。この人たちにスポットライトをあてたいと思います。公立、民立の学習機関が協力し合うことにより、シニアに活力を蘇らせ（増進させ）、学習を通じて仲間づくり、健康づくりが促され、さらに一歩進んで社会への恩返しを推進できます。ポイントは「学習を通じた実践」であり、ただ仲良く、楽しくというだけではありません。高大においても、福祉、社会活動を前面に出した教科は、必ずしも歓迎されません。段階的に徐々にカリキュラムに織り込み、自然にいつの間にかボランティアの世界に馴染んでいくやり方が大切です。

今後は民間のボランティアマインドを持った集団を、行政がバックアップする必要があります。

快適な学習環境を整えるべく民間の集団と協働してほしいのです。廃校・非利用施設の活用は重要な問題の一つです。今の日本には様々な行政機関がありますが、文部科学省、厚生労働省、及び経済産業省の生涯学習政策は一貫性を持ったものではなく、不十分だと思われます。縦割り組織の脆弱性によるものと思われます。内閣に「高齢者政策推進大臣」を置かれたらどうでしょうか。日本の弱点を随分補完でき且つ生の情報をキャッチできると思いますが……。

本書を通して、高大の「活き活き総合学習プログラム」を日本中に発信し、シニアのために社会のために少しでも役立っていきたいと考えています。このような活動が日本中に広まり、大きなうねりとなることを期待しています。高大は思いを同じくする仲間、団体と共に歩んでいきます。

世界でいち早く超高齢社会に突入した日本のやり方、行く末を世界は見つめています。今こそ、その範を示すときではないでしょうか。

二〇一六年一二月

NPO法人大阪府高齢者大学校

理事長　和田征士

高齢者が動けば社会が変わる――ＮＰＯ法人大阪府高齢者大学校の挑戦

目次

はじめに

第Ⅱ部　多様な視点からみた高齢者の社会活動

第Ⅲ部　超高齢社会へのNPO法人大阪府高齢者大学校の挑戦

第Ⅰ部　ＮＰＯ法人大阪府高齢者大学校のあゆみ

第1章　ＮＰＯ法人大阪府高齢者大学校誕生前史
――大阪府老人大学に押し寄せた行政改革の波

大阪府老人大学は、地方自治体レベルでは数少ない助成金事業としてスタートしました。校訓は「生きがい対策と地域リーダーの養成」。企業人として、あるいは家庭の主婦として生きてきた人たちが、これからの生き方を学習する場として提供されていました。しかし、高齢化率の上昇が、国の財政を大きく揺るがすことになっていきます。

1　三〇年の歴史をもつ大阪府老人大学

ＮＰＯ法人大阪府高齢者大学校（以下、高大）の礎は、一九七九年に設置された大阪府立老人総合センター（後に大阪府社会福祉事業団へ委託）の「レクリエーション」「相談」「健康開発」「老人大学」「研修」「調査研究」事業に位置づけられる大阪府老人大学です。一九七九年当時の日本の高齢化率[1]は約九％で、一九七〇年に「高齢化社会[2]」に突入し、高齢者の新たな生き方が問われ始めた頃だといえます。ちなみに、当時七〇歳以上の医療費は無料で（一九七三年～）、日本の経済状態が比較的豊かであったという背景がありました。

大阪府老人大学は、大阪府社会福祉事業団の事業報告書によりますと、一九七九年二月に、大阪府在住の六〇歳以上を対象に、「老人自身の生きがいづくり及び地域老人活動のリーダー養成」を目指して「福祉科（六〇名）・園芸科（六〇名）・陶芸科（五〇名）・手芸科（六〇名）」の四学科が設けられていました。一期生として二七六人が入学していますが、応募者は一五三五人だったそうです。どの科も四倍以上の競争率で、特に園芸科は八倍近い応募者があり厳正な抽選が行われました。大阪府老人大学への関心が高かったことが伺えます。受講料は無料でしたが、一度受講すると再履修はできません。入学者の年齢は六〇～七四歳までが九割を占めており、最高齢は八四歳だったそうです。授業は週一回で午前中に教養講座を全員で受講し、午後はそれぞれの専攻科目を学ぶ一年制です。授業が終わった後はクラブ活動や学友会活動が行われ、秋には文化祭が行われています。教養科目は、「上手に年を取る方法」「日本経済の動向と私たちの暮らし」「高齢者の仲間作り」「ボランティア活動のすすめ」「老人の心理と精神衛生」などで、高齢者の新しい生き方を学ぶためのテーマが散りばめられていました。

現在の高大の授業の基本形態は、大阪府老人大学の開講当時から踏襲されているといえます。

当時、地方自治体が運営する高齢者大学は珍しく、一九八〇年には皇太子殿下御夫妻（当時）

表Ⅰ-1　受講生数の変化（1979～2008年度）

組織名 ＼ 修了年度		1979年度	1986年度	1988年度	1994年度	1999年度	2002年度	2003年度	2004年度	2005年度	2006年度	2007年度	2008年度
老人大学（大阪府立）	北部	1期	8期	10期	16期	21期	24期	25期	26期	27期	28期	アクティブシニア講座	
		276							784			1期	2期
	東部					1期	4期	5期	6期	7期	8期		
									198				
	南部		1期	3期	9期	14期	17期	18期	19期	20期	21期		
									472				
	人数計								1,454	1,400	1,400	900	900
	累計								23,323	24,723	26,123	27,023	27,923
シルバーアドバイザー養成講座（SA）（大阪府立）	北部			1期	7期	12期	15期	16期	17期	18期	19期	20期	21期
	南部								17期	220	225	220	217
	累計								2,639	2,859	3,084	3,304	3,521

出所：NPO 法人大阪府高齢者大学校資料。

が来られました。特に陶芸教室を見学され、受講生に話しかけられながら作陶の実演を熱心に見られました。大阪府老人大学への受講希望者はその後も増加し、週一回のみであったものが週二回開講になりました。大阪府立老人総合センターが大阪府北部に位置していたので、南部、東部にも相次いで開講されました。その発展の様子は表1-1の通りです。

筆者が大阪府老人大学で受講したのは、二〇〇四年の二六期生の美術科でした（図1-1）。その時は、受講料が二万四〇〇〇円（一年）と有料でした。受講期間は一年で再受講はできませんでした。一方、ボランティア活動に関する認定証が知事から与えられるシルバーアドバイザー養成講座が一九八八年から開講され、また「国際交流活動科」と「地域交流活動科」の二つが新たに設けられました。筆者は、「国際交流活動科」に入学して受講料無料で一年修学して「シルバーアドバイザー」という認定証を大阪府知事から頂きました。二〇〇四年当時の高齢化率は一九・五％（『高齢社会白書　平成二八年版』）でしたので、超高齢社会も目前という時期です。

2　行政改革の波が押し寄せる――橋下前知事の行政改革による事業整理

図1-1　美術科受講生の作品

出所：筆者・画（2005年２月22日）。

大阪府老人大学は、前述したように順調に発展してきていましたが、二〇〇四年に太田元知事の行政改革計画で、大阪府立老人総合センターの廃止宣言が突然行われました。この年は、筆者が夢を膨らませて入学した年です。火曜コース三八二名の学友会会長の立場で金曜コースの学友会会長とともに、この問題に立ち向かうことになり、大阪府老人総合センター並びに老人大学講座の存続に関する請願書を二万二〇〇〇人の署名名簿を添えて提出しました。次の文はその時の嘆願書（二〇〇四年一〇月八日）ですが、本当に真剣でした。

これからの高齢社会のために、私たち老人大学現役生は、大阪府立老人総合センターの維持・存続を強く要望します

老人大学講座も開設から二六年目をかぞえ、これまでに数多くの諸先輩が巣立っていかれました。修了された方々の地域社会でのさまざまなご活躍が本講座の歴史を築いてこられたのではないでしょうか。

私たちも、老人大学という新しい環境のなかで、学ぶことの楽しさ、新しい友との出会いの素晴らしさ、互いに尊重しあうことの大切さなどを体験し、そうした講座の歴史に連なっていきたいと願っています。

先般発表された「行財政計画（改定素案）」では、この老人大学の拠点であり、私たちの〝まなびや〟である、大阪府立老人総合センターが廃止の方向で検討されるとあり、大きな戸惑いと不安を感じずにはいられませんでした。

ご承知のように、老人大学の目的は、活力ある福祉社会を目指して、私たち高齢者が、地域社会でいろいろな役割を果たしていく力を養うとともに、自らの生きがい健康づくりを進めることです。

まさに、私たちが協力して、新しいステージで、新しい可能性を求めて、学ぶこと、交流すること、社会に貢献することなのです。それは取りも直さず、私たちがこれまでの「老人」という既成の考え方から脱皮して、生まれ変わった新しい「老人」を切り拓いていくことに他なりません。

これらのことを、この〝まなびや〟で、いま体現しているのが私たちなのです。このようにすばらしい経

験ができるのは、この老人総合センターという拠点があってこそ成り立つのです。

　この貴重な経験を生かし、自らの活動のみならず、地域社会にいかに貢献していくか。老人大学での活動を通じて、多様化する暮らしの諸問題に対応し、ともに支えあうまちづくりに少しでも役立てるように、現役生として講座を受けることは勿論ですが、その後を大切にする、まさに「これから」なのです。今後ますます進む高齢社会、二〇一五年には国民の四人に一人が六五歳以上という時代を迎える中で、諸先輩から受け取ったバトンをつぎにつなげていくのもまた私たち現役生の役割であり、そのためには活動の拠点、老人総合センターは、私たちいまの高齢者だけでなく、これからの社会にとって欠いてはならない存在なのです。


　残念ながら、太田元知事からの回答はありませんでした。面談を申し込みましたが、ＮＰＯならびに高齢者任意団体には会わないと、断られました。

　その理由は後でわかったのですが、大阪府立老人総合センターの土地に関する吹田市との借地契約が二〇〇八年に終了することになっていたのです。そのような状況の中で、二〇〇六年に設置した「老人大学講座見直し検討会」において、講座の現況と今後の方向性について学識経験者を交えて一〇カ月間議論しました。私たちも傍聴しながら見守りましたが、大阪府立老人総合センターおよび大阪府老人大学講座は、二〇〇六年度をもって廃止することが決定されました。

　しかし、二〇〇七年四月、大阪府老人大学講座の北部、東部、南部を統合し、教室を大阪市谷町七丁目の大阪府社会福祉会館に移し、「大阪府高齢者大学アクティブシニア講座」と名称を改めた「大阪府老人大学」および「シルバーアドバイザー養成講座」が引き続き開講されることになったのです。ただ、教室の設備条件などを満たさないため、「陶芸、園芸、美術、ハンドクラフト」の講座は廃止されました。受講生の受け入れ規模が一四〇〇名から九〇〇名に縮小され、学習目的は、健康と仲間づくりに「社会参加意識を高める」が付け加えられましたが、私たちは、少なくとも大阪府老人大学の火が消えなかったということで安堵しました。

ところが、大阪府高齢者大学アクティブシニア講座が順調にスタートして二期生の募集を終えた二〇〇八年二月に橋下前知事が行政改革に着手し、「大阪府高齢者大学アクティブシニア講座」は事業整理の対象になっているという噂が聞こえてきました。

当時、大阪府シルバーアドバイザー連絡協議会の理事長に就任していた筆者は、なんとかシルバーアドバイザー養成講座を存続させたいという思いで、直接、知事宛に提言書を提出しました。次が、その原文です。

> シニアボランティア活動育成事業のシルバーアドバイザー養成講座および大阪府高齢者大学校維持・継続を提言いたします。回答お願いいたします。

①　シルバーアドバイザー養成講座および高齢者大学修了者によるボランティア活動の目的・理念

超高齢者社会を迎え、地域社会に貢献する高齢者の役割は重要視されている。高齢者ケア、子育て支援、子どもの健全育成、地域コミュニティづくりなど、さまざまな課題を担うシニアパワーが求められている。シルバーアドバイザー養成講座および大阪府高齢者大学校は、元気な高齢者が、長年培った知識、経験、技能を活用し、福祉施設や地域社会が求めるニーズに応じたボランティア活動を推進し、地域社会の課題を担う事を目的としている。

高齢化率（六五歳以上人口の割合）は、府下の一七・五％（総務省統計局「日本統計年鑑」平成一六年一〇月一日現在）となっている。人口の多い団塊の世代が高齢期を迎える時期には更に高齢化が進行し、一〇年後の平成二七年には二二・七％に達すると推計されている。

・ひとり暮らしの高齢者、高齢者のみの世帯の比率も増加しており、平成一六年九月には、ひとり暮らし高齢者は六〇四九人（総人口に占める割合一・七％）、高齢者のみの世帯は四八八八世帯（総世帯数に占める割合三・三％）と、それぞれ増加傾向が続いている。

・高齢化の進行は、地域ブロック別に見ても著しく続いている。

・一方、一五歳未満の年少人口の割合は、昭和五五年から大きく減少しており、少子化傾向が早い速度で進んできている。

このように、これからの地域福祉を考える上では、少子高齢化と核家族化の急速な進行の中で、高齢者に対する支援のあり方、また、孤立しがちな子育て家庭への支援のあり方などが大きな課題となって提起されている。

「吹田市民のくらしと地域福祉に関する実態調査」によって、明らかになったことは、ボランティア活動を推進していく上での課題として、「実際に活動している人が少ない」(二二・五%)といった参加者の少なさの指摘がまずは目にとまり、次に、「交通費や活動費の確保が困難」(一三・九%)、「ボランティア活動についての情報が少ない」(一一・四%)といった指摘がある。(以上、吹田市福祉保険部福祉総務課・地域福祉計画より抜粋)

② シルバーアドバイザー養成講座および高齢者大学の存続価値

個人の知識、経験、技能が十分に活かされるボランティア活動の体制を作ると共に、対象者にきめ細かく適応できるシステムやプログラムを作成することが重要である。そのためにシルバーアドバイザー養成講座は、重要な位置づけであり、次の効果が達成されてきている。

・能力をより有効に福祉ボランティア活動などに活用できる。

・ボランティア活動を通じて、責任感、目的意識、向上心をより明確に持つことができ、生きがいとやる気につながる。

・福祉施設の入所者や地域の子どもたちに適したボランティアプログラムを実践することで、対象者に本当に役に立つボランティアサービスが提供できる。

私たち連絡協議会の提言書に対する明確な回答は得られませんでした。橋下行政改革プログラムの名のもと、二〇〇八年七月の大阪府議会で大阪府老人総合センター、大阪府高齢者大学アクティブシニア講座ならびにシルバーアドバイザー養成講座の廃止が議決され、二〇〇九年三月をもって閉校することが決まりました。

二〇〇八年八月の大阪府の回答は、二〇〇七年にスタートさせた「アクティブシニア機構[3]」に対しては、「大阪府はお金を出せないが、大阪府の名称の使用は認めます。広報面など出来るだけの支援を致しますので、アクティブシニア機構の参加団体の皆様の知恵を出しあって講座継続について検討下さい」ということでした。

注

（1）全人口の中で六五歳以上の高齢者の占める割合。

（2）高齢化率七％以上は「高齢化社会」、一四％以上は「高齢社会」、二〇％以上は「超高齢社会」と言われている。

（3）大阪府が主宰して府下の高齢者グループの活動を活性化するための機関。

参考文献

赤尾勝己（二〇〇八）『生涯学習概論』関西大学出版部。

志村ゆず（二〇一四）「『思い出』に関する調査から」ＮＰＯ法人大阪府高齢者大学校。

長井美知夫（二〇一三）「ＮＰＯ法人立あげと我が人生」ＮＰＯ法人大阪府高齢者大学校。

永田得祐（二〇一〇）「大阪府老人大学同窓会豊中創立20周年記念誌」。

藤田綾子（二〇一二）「高齢者の高齢者による学習講座企画・運営に関するモデル構築のためのアクションリサーチ」NPO法人大阪府高齢者大学校。

堀薫夫（二〇一二）『教育老年学と高齢者学習』学分社。

堀薫夫（二〇一三）『成人学習者とは何か』鳳書房。


（佐藤宏一）

第2章　大阪府からの予算打ち切り・廃校宣告とNPO法人格の取得

――市民の手で自立した学習機関として再スタート

バブルがはじけ大阪府の財政が赤字に転落する中で、行政改革が橋下前知事のもとで行われ、大阪府老人大学は事業整理の対象になりました。医療・福祉に関する予算が増大する中で、高齢者の悪戦苦闘が続くことになります。

NPO法人格の取得、初めての入学式がもたらしたとまどいと感動、二年目、三年目。まだ、自立に向けた学習機関としては発展途上であり、課題山積みでした。

1　NPO法人大阪府高齢者大学校誕生秘話

二〇〇九年三月をもって大阪府老人大学の閉校が決まった当時の仲間たちは、前述したように嘆願書を出し、集会等を開きながら、大阪府老人大学講座の存続を求めていました。しかし、行政が廃止に向かって検討を進めているときに、反対を主張しているだけで政治が本当に動くのか、長井さん(1)（故長井美知夫氏）の心の中には疑問と不安が渦巻いていました。そこで、表向きでは廃止反対運動をしながら、話が出始めた四月からなんらかの決定が下される七月の議会までの三カ月間、長井さんは、廃止が議決されたときの対策の立案を水面下で進めることにしました。

〝だれがする、どこがする〟という問題ではなく、絶対にしなければいけないことは一つだけでした。どの形をとろうと、高齢者が学べる場所を残すことです。そのために何ができるか、どうすることが最善なのかを考えました。ここから駆け引きが始まりました。

大阪府の出方を探る中で、いろいろな憶測が流れました。「口で言っているだけだ、本当に廃止になるのか、半分くらいは残すのではないか」という楽観的な意見から「他の事業で切られたものがあるので、本気ではないか」という厳しい考え方までいろいろでした。ただ、決定までの時間が限られている中で、七月の議会にかかってしまえば終わりです。それまでが勝負なのは言うまでもないことなのに、自分たちの動きにはスピード感が欠けていると、あせり始めました。アクティブシニア機構の会議などで時折問題提起などがありましたが、結論が出せません。みんな高齢者の勉強する場が必要なことはわかっていて、存続させていかなければならないと思っているのに話が進まないのです。そのような状況の中で、「独立したＮＰＯ法人を一人でも立ち上げる」ことを長井さんが決意したのでした。

そこで、どんな体制で存続を図るのが一番良いのかを考慮していかなければなりませんでした。

小さな規模のＮＰＯ法人シニア自然大学校（長井さんが創設）が、大きな組織の大阪府老人大学を飲み込むことは社会的にもよくありません。善意とか誠意とかいう問題でもありません。色々と模索しましたが、結果として、独立した組織として運営することにしました。

2　ＮＰＯ法人として独立させる――第一ステージ

「独立したかたちで行きます」と旗印を鮮明にすると、大阪府の対応もかなり変わりました。大阪府の援助に頼らずに有志の高齢者たちで運営していこうと動き出しはじめた頃、大阪府地域福祉推進財団（ファイン財団、当時、大阪府老人大学の事業は大阪府地域福祉推進財団に委託されていた）のスタッフから長井さんに連絡があり「今から会いたい」と言うのです。普段の声ではありません。長井さんが本気だということを感じたのでしょう。ファイン財団のスタッフは彼の大胆な性格を知っていますから、放っておいたら大阪府もファイン財団も置き去りにしたまま、別の方向へ走り出してしまうと思ったのでしょう。

様々な立場の人が、それぞれに思惑を持っていました。大阪府もとりあえず出てきたＮＰＯ法人立ち上げの準備会の会議では、「長井さんを理事長にすべきだ」という声があがったのですが、煮え切らない人がいて、いつまでもごちゃごちゃと議論を続け決まらないわけです。そのときに参加者の一人が手を挙げて「長井さん、理事長を早く受諾して、前向きに進めていきましょう」と推してくれました。この状況をまとめて推進させていけるのは長井さんしかいない。そして腹を括ってくれたことで、一気に前に進み始めました。

前述したように、二〇〇八年七月には大阪府老人大学の廃止が、年明けの三月と決まりました。猶予はもらいましたが、七月から一二月までは大変でした。定款を作って、九月にはＮＰＯ法人格取得の申請をしつつ、カリキュラムづくり、教室の場所、講師、スタッフの確保等、すべてが同時進行です。それでも今までの経験でどう進めていけばよいのかは、すべて頭に入っていましたから、段取りよく動けました。共感してくれた有志のボランティアの方たちと夜遅くまで準備に没頭しました。安心だったのは、みんな過去の活動経験があるので、ＮＰＯ法人がもつ社会的な責任感をしっかり理解していたからです。

長井さんのシニア自然大学校の道徳律は「人のため、社会のための活動」です。一〇〇の仕事を頼まれたら二〇〇やろう。社会貢献が目的ですから、一〇〇を二〇〇の倍返しでやるのがシニア自然大学校流のやり方なのです。人のために動くことで、自分を磨くための勉強をする。当時を知るメンバーの一人は「もうね、必死だったよ。毎日、これもあれもしないといけない、間に合わないと言っててね。けど楽しかった」と話してくれました。みんな、目がキラキラして、やる気満々でした。長井さんは「心の中でひそかに、府が運営していたときより、もっと良いものをつくろうと思った」と後で言っていました。

開校準備で忙しい最中でしたが、勢いをつけたかったので、みんなが広く楽しめる音楽会を二〇〇九年一月に開校記念として企画しました。そして、いずみホールで音楽会を開催して満席となっときに、「よし！　この勢いでやっていける」と、確かな手応えを感じました。

二〇〇八年一二月には翌年度の募集を開始し、翌年一月にはＮＰＯ法人の認証がおりました。公営から民営になったので、受講料は約二倍にしました。本当はもっと必要でしたが、状況を見るとそこまで上げることはできません。覚悟を決めて気合を入れ、民間経営の観点から様々な工夫を凝らし、募集を進めて三月の閉校から時間を空けることなく、ＮＰＯ法人大阪府高齢者大学校（以下、高大）の開校へと間に合わせました。三年目には大阪府老人大学の規模を一・二倍上回る人気のマンモス校となり、いまだに受講生を増やし続けていることは、確かな土台づくりをしてきた証だと思います。

また、行政が運営していた大阪府老人大学を民間が引き継ぎ、成長させているケースは、日本では高大ぐらいだと思います。結果的に、橋下前知事には「府民の財産を無償で払い下げていただいてありがとう」と、感謝しています。

図2-1　アクティブシニアフェア2008

撮影：西川龍夫氏。

二〇〇八年九月のアクティブシニア機構が企画した「アクティブシニアフェア2008」のパネルディスカッションに、筆者は長井さんたちと出演しました。その時に橋下前知事が登場しました（図2-1）。そして、高大の立ち上げにエールを贈ってくれました。四月の入学式には、是非、出席すると言ってくれました。しかし、残念ながら実現できませんでした。

3　大阪市教育会館への移動とカリキュラムの充実——第二ステージ

開校三年目になると教室を移転しなければならなくなり、会場を現在の法円坂（大阪市中央区）の大阪市教育会館に移しました。一年目に準備期間の短さから、そのまま引き継いでいた講座もNPOならではの内容に入れ替えていきました。人気のあるコースのさらなる充実、今まで一年で修了していたのですが、勉強したい人のために実践研究部を設けて、二年目以降の受講を可能にしました。また、講師の補助やクラスの運営がスムーズに行えるように、アシスタント制（後のクラスディレクター〔CD〕）を導入しました。もちろん、学習成果発表会や遠足、文化祭（後の高大祭）などを行い、受講を通した仲間づくりの機会を設けていきました。一方で、志を同じくしていくことの難しさと、突き進んできた結果として組織の分裂も経験しました。

NPO法人の立ち上げ作業が始まったときは、とにかく限られた時間の中で組織をつくって準備しなければいけないので、適任と思う人に任せて、どんどん進めていきました。情や今までの立場を考慮せずに任せていくわけですから、気分がよくない人もいたと思います。規模も倍以上に大きくなり、少しずつ組織として安定してきたと思われた頃でも問題は山積みでした。組織運営で志を示していくということは、「志す方向が違ったときには別れがある」ということだと実感しました。

リピーターが増え、口コミが広がり、受講生数は毎年増え続けているのはうれしいことです。高大内外のさまざまな事業も軌道に乗り、他団体、行政との協働も進み、財政的にも安定してきました。今までの第一・第二ステージでは自分たちの立場で社会を見て、したいこと、できること、すべきことをしてきましたが、今では、私たちのＮＰＯ法人組織が公共事業の一翼を担うのだということを自覚して、新たな事業などを推進していくことが使命だと考えるようになりました。少々、嫌なことでも社会的に必要であり、自分たちにできることであれば実施していくのが現在の基本方針です。

行政機関と同等の立場で協働事業を行っていくことが実現すれば、新しい時代を切り拓けると思います。それが今後の課題であり、ミッションだと思っています。

注

（1）故長井美知夫氏

撮影：筆者。

一九三五年四月：香川県生まれ
一九五三年四月：高知大学入学
二〇〇二年九月：NPO法人シニア自然大学校代表理事就任
二〇〇八年九月：NPO法人大阪府高齢者大学校理事長就任
二〇一一年一月：NPO法人大阪アクティブシニア協会理事長就任
二〇一三年八月：逝　去

（佐藤宏一）

参考文献

赤尾勝己（二〇〇八）『生涯学習概論』関西大学出版部。

長井美知夫（二〇一三）「NPO法人立あげと我が人生」NPO法人大阪府高齢者大学校。

藤田綾子（二〇一二）「高齢者の高齢者による学習講座企画・運営に関するモデル構築のためのアクションリサーチ」NPO法人大阪府高齢者大学校。

堀薫夫（二〇一二）『教育老年学と高齢者学習』学分社。

堀薫夫（二〇一三）『成人学習者とは何か』鳳書房。

第3章　多様な「学びの仕掛け」の開発と校友会・同窓会の組織化
――学習プログラム改革と講座内容の充実

受講生数が増え、組織の安定化が少しずつ実感されてきました。そこで「学習プログラム改革」に取り組み始めました。新しい学習方式の導入、レベル向上を目指した実践研究部の創設、戦略室の活動を通じて人材育成と社会システムの創造を目指しました。そして、同窓会組織の一体化と活性化を図るために「校友会」を立ち上げました。その一連の流れを、本章で述べていきます。

1　高大白熱教室

二〇一二年に導入した高大白熱教室のねらいは、講師の講義を聞くのみといった受動型の授業から脱却し、受講生も自分で考え、意見を表すアクティブラーニングの方法を取り入れることでした。また、さらに発展させて皆で何かアクションをするといった参加型の授業を展開していくことも目的の一つです。高大白熱教室では、講師と受講生が一緒にテーマを出し合い、自分の意見を気楽に述べ合う対話を行うようにしています。日頃は聞けない仲間の本音を聞くことができ、また、自分の意見を述べることにより、人から見ると自分の意見はどうかといった点が明確になることからさらなる交流につながり、自分自身をより豊かにすることができると考えています。満足のいく高大白熱教室の実施はなかなか難しいのですが、実施結果の評価方法を開発し、実践スキルの向上を目指して取り組んでいます。

2　実践研究部による「学習としての社会参加活動」

また、さらに実践・学習していくことができるよう、二〇一三年に「実践研究部」を設けました。他に、実践研究部では、「学習としての社会参加活動」に力を入れています。

元気なシニア世代が講義で自らの学習を積み上げることと併せて、社会参加活動をすることで、これまで培ってきた社会・人生経験を活かして、地元地域の町づくり・コミュニティづくりに参加するなどの多面的な活動（事業）を行うことが促進され、地域にとっても高齢者自身にとっても有意義であると考えられます。

3　講座のさらなる強化・充実、豊富な講座内容

開設する講座内容については毎年頭を悩ませていますが、二〇一四年には五九科目、二〇一五年には六四科目、二〇一六年には六三科目が開講されています。教養系・語学系・健康系・芸術系など多様ですが、その中でも歴史関連に関する教科の人気は非常に高いと言えます。カリキュラムの改革と先駆的な科目の新設は、NPO法人大阪府高齢者大学校（以下、高大）の存続にとって欠かすことのできない重要な事項ですので、毎年改善を加えてきました（表3-1〔二四～二五頁〕参照）。

二〇一三年度からは、講師と受講生、教務部とのつなぎ役であるクラスディレクター（CD）の研修の充実化にも取り組んでいます。他に講師交流会の円滑化を図り、学習プログラムの進化を求めるなど様々な改革が行われています。社会に求められかつ高齢者自身が満足できる生涯学習を目指して、日々試行錯誤を繰り返しながら、高大の基本方針の下で発展していきたいと考えています。

表 3-1　学習プログラムの改善推移表

西暦	通常本科							
	期	受講生数(人)	全科目数	授業日数	教室	トピックス	カリキュラム新設講座	中止した講座
2009	1 期生	565	12	30	piaNPO, エール学園, 住之江公園	旧老人大学を縮小して継承	◆ SA・地域交流科◆SA・多世代交流科◆自然アウトドア科◆園芸科◆上方落語科◆歴史学科◆考古学科◆英会話科◆美術科◆朗読語り部科◆古典文学科◆ IT・パソコン科	—
2010	2 期生	974	23	37	piaNPO, 大阪府社会福祉会館, 住之江公園	NPO らしさをだす社会への参加活動	◆実践研究部 & ゼミナール部を新設◆音楽を楽しむ科◆大阪の史跡探訪科◆笑いの創造科◆歴史学中世科◆現代社会を考える科	◆暮らしのデザイン科 ◆地球アクション研究科 ◆ SA 活動研究科
2011	3 期生	1,437	37	38	大阪市教育会館, 大阪府谷町福祉センター, 住之江公園	府営時代を質，量ともに超えた	◆歴史学科［古代～近代・現代）◆運動スポーツ健康科◆自然文化を楽しむ科◆中国語文化交流科◆美の世界と芸術散歩科◆ IT パソコン研究科◆子ども教室研究科	◆総合文化落語漫才コース科 ◆アウトドア研究科 ◆史跡ガイド研究科 ◆ゼミナール科
2012	4 期生	1,823	46	40	大阪市教育会館, 大阪府谷町福祉センター, 住之江公園, 茨木農園	高大白熱教室を導入	◆世界史から学ぶ科◆世界の文化に親しむ科◆戦国武将の生き方から学ぶ科◆歴史に輝く女性の生き方から学ぶ科◆エッセイ文学科◆カメラ芸術科◆総合文化を身につける科◆大阪の良さ再発見科　◆ IT イラスト制作科◆基礎ハングル交流科◆大阪のまち歩きガイド科◆中国語交流研究科◆ガーデニング研究科	◆子ども教室を楽しむ科 ◆ SA おもちゃ世代間交流科 ◆ SA 朗々福祉を楽しむ科 ◆落語研究科
							◆最先端の科学技術を	

2013	5期生	2,154	53	42	大阪市教育会館，大阪府谷町福祉センター，住之江公園	・実践研究部「学習としての社会参加活動」 ・「東日本被災者支援大学校」立上げ ・「大阪区民カレッジ」設立	優しく学ぶ科◆歴史学近代科◆SA ボランティア資格養成科◆日本歴史通史専門科◆アウトドアレクリエーション科◆水彩画専攻科◆カメラ芸術研究科◆自然文化研究科◆大阪区民カレッジ（天王寺，東成，西）	◆中国語入門科 ◆SA 地域コミニティー・地域で楽しい活動を始めませんか科 ◆ガーデニング研究科
2014	6期生	2,423	59	42	大阪市教育会館，大阪府助産師会館，大阪府谷町福祉センター，住之江公園，森ノ宮ホール	・本科のさらに強化・充実 ・「東日本被災者支援大学校」2年目 ・「大阪区民カレッジ」2年目 ・「法円坂子どもプラザ」を開設	◆国際文化交流科◆科学と人間の共生を楽しく学ぶ科◆基礎英会話③◆似顔絵とマンガ風イラストを楽しむ科◆カメラ芸術科②◆世界遺産を通じて環境を学ぶ科◆健康長寿を楽しく学ぶ科	◆中国語会話を楽しむ科 ◆古典を深く味わう科
2015	7期生	2,490	64	42	大阪市教育会館，大阪府助産師会館，大阪府谷町福祉センター，大阪府社会福祉会館，住之江公園，森ノ宮ホール	・初めて本校に申込みされる方は優先入学制度あり ・さらに充実，豊富な講座内容 ・国家戦略特区指定の養父市と連携 ・「東日本被災者支援大学校」3年目 ・「法円坂子どもプラザ」2年目	◆フランスの魅力と初めてのフランス語を楽しむ科◆初めてのハングル語を楽しむ科◆初めての中国語を楽しむ科 ◆和食を愛する科◆シニアの健康と医療を考える科◆カメラ芸術創作科	なし
2016	8期生	2,605	63	42	大阪市教育会館，大阪府谷町福祉センター，大阪府社会福祉会館，住之江公園，森ノ宮ホール	・初めての方は優先入学あり ・豊富な講座63教科 ・年齢 居住 制限なし	◆宇宙と生命の神秘へ遭遇する科 ◆醸造を楽しく学ぶ科 ◆おしゃれを楽しみません科	◆歴史学古代研究科◆世界史からグローバル社会を見つめなおす科◆朗読研究科◆先端科学科学技術を楽しく学ぶ科と科学と人間の共生を楽しく学ぶ科を統合

出所：NPO 法人大阪府高齢者大学校資料。

4　NPO法人における戦略室の役割

二〇一〇年、二〇一一年戦略会議をスタートさせ議論する場とし、さらに、二〇一二年からは、戦略室に発展させて、①調査部、②政策部、③人材発掘事業開発部を設けて、次のテーマについて戦略を議論することにしました。

「人材発掘事業では、二〇一一年に出入り自由の戦略室ボランティア会議を開催し、高大の理念・方針・指針を議論し、指導者の条件を松下幸之助から学ぶこと、さらに、幹部養成講座を開設し、学習の場を提供し、志を共にすることなどを話し合いました。その後、『おでん会議』など、楽しみを付加した人材発掘の話し合いの場も設け、高大の幹部となる人材を発掘することになりました。また、調査・政策勉強会『大阪府アクティブシニア政策勉強会』を開催し、幅広い視点からの高大の運営を目指すことにしました。」

次は「大阪府アクティブシニア政策勉強会」の概略です。

・第一次（二〇一一年・座長・牧里毎治〔関西学院大学教授［当時］・大阪ボランティア協会理事長〕）
「アクティブシニアがあふれる大阪事業」を継承し、この事業を大阪アクティブシニア協会を中心に行うことを確認し、「大阪シニアルネッサンス運動」の提起を行いました。
・第二次（二〇一二年・座長・柏木宏〔大阪市立大学大学院教授［当時］〕）
「高齢者の社会貢献活動の視点から」というテーマで勉強会を実施し、高大グループが元気なシニアの一翼を担う組織であることを再確認しました。
・第三次（二〇一三年・座長・堀薫夫〔大阪教育大学教授〕）
①臨床教育学を重視する視点、②生涯学習の理念、③高齢者の学習支援のあり方、の三点を鑑みると、常に、新しい高齢者（団塊の世代）のニーズに応えられるカリキュラムの開発と、社会的弱者への保護という立場からの福祉的な教育を超えて、高齢者が成長していくことを支援する教育という立場からの学習のあり方を目指すことが必要であることを確認しました。
・第四次（二〇一四年・座長・木下明〔大阪府高齢者大学校戦略室長〕）
「健康長寿」を実践するための基本的な考え方について、「教育学」「心理学」「社会学」「疫学」の視点からの学習を行いました。
・第五次（二〇一五年・座長・木下明〔大阪府高齢者大学校戦略室長〕）
在宅医療や介護支援などの「高齢者の生活課題」（表3-2参照）について、暮らしを支える

表 3-2　高齢者の生活課題を考える活動推移表（2015年）

	開催月日	曜日	講座内容	講師名
第１回	７月16日	木	プロが語る「シニアのライフスタイルとお金の話」	野村證券梅田支店　ファイナンシャル・アドバイザー課　ファイナンシャルアドバイザー碓井　遼先生
第２回	９月17日	木	新しい生活環境の形成——生活空間を考える	特定非営利活動法人ユニバーサルデザイン推進協会　代表理事　芳村幸司先生
第３回	９月29日	火	高齢者の暮らしとお金	社会保険労務士　ファイナンシャルプランナー　保理江正剛先生
第４回	10月９日	金	高齢者の暮らしを支える資源	大阪府社会福祉協議会　地域福祉部長　社会福祉士　片岡哲司先生
第５回	11月20日	金	まちづくり活動としての在宅介護ネットワーク——地域包括ケアシステムとまちづくり	大阪大学大学院　工学部研究科　ビジネスエンジニアリング専攻　教授　加賀有津子先生
第６回	12月16日	水	高齢者と法——成年後見制度の理解を深める	大阪府弁護士会　弁護士　三木秀夫先生

出所：表 3-1 と同じ。

法律や制度のほか、現実的なお金の話など、より身近な生活課題への取り組みについて学習することができました。さらに、高大の学習プログラムのあり方に対する提言も含めて次世代につながるチャート図をまとめることができました（図3-1）。

5　校友会の立ち上げと展開

高大グループの組織を縦に横にしっかりとしたものにするために、次のような取り組みを行っています。

①「高大、全同窓会連絡会議」を開催（二〇一一年五月二五日）

高大修了生の同窓会への加入が次第に

図3-1　生涯学習と目指すべき社会システムの創造

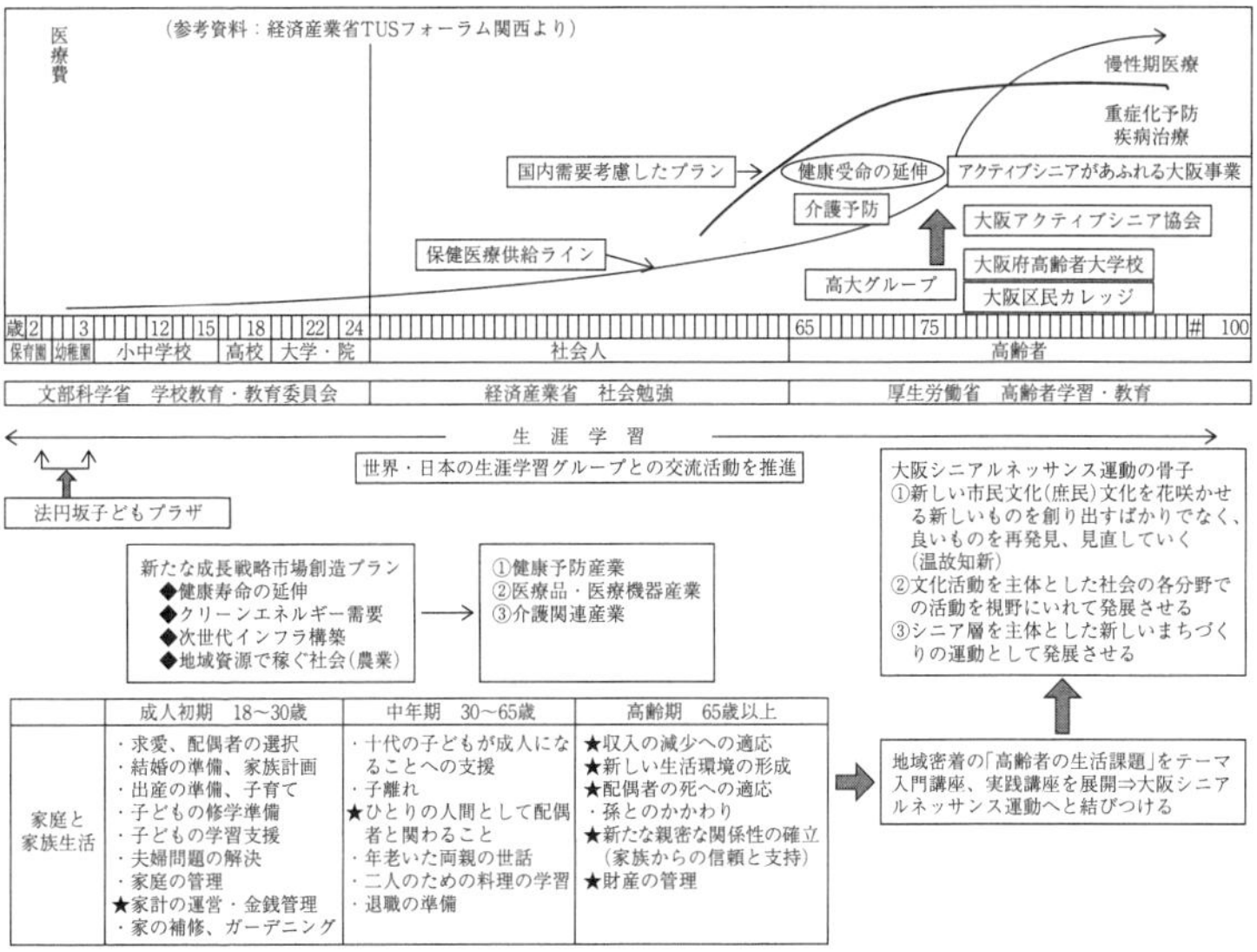

出所：表3-1と同じ。

減り続け、このままでは組織が維持できなくなります。このことは高大にとってネットワーク化されない修了生の組織が膨大になり、高大の今後の社会参加活動の実施にとって大きなネックとなる可能性があります。そこで、ゆるやかな連合体を目指すべく「校友会」を設立して、全同窓会を一元化することを提案し話し合いが行われました（参加団体：高大、同窓会連協、SA連協、南部同窓会、フェスト会）。

② 「校友会」の設立（二〇一二年一一月一四日）

既存の同窓会は、それぞれ独立して組織されています。会費はそれぞれ別であり、各同窓会をつなぐものとして連絡協議会が設置されています。修了生は、修了時のクラス単位（または班単位、期別）に分かれて活動するのが一般的です。

こうしたクラス単位の活動は、さらに活発化する可能性があります。この活動は高大および同窓会からも自立して行われています。ただ、前述したように、組織に加入しない自主的なグループ活動が多くなり、さらには、連携・協働しない修了生の組織がますます増える可能性がありま す。高大は、地域密着型の事業活動を積極的に推進したいと考えており、修了生のクラス単位の活動をある程度把握し、各々の活動を社会参加につなげられるように、修了生たちの活動を方向づけていくことを考えています。

③　第一回校友会合同会議を開催（二〇一三年一月）

「校友会」は、高大が連合体組織として共存共栄を図り、修了生が地域における社会参加活動を持続・発展していけるよう修了生たちの所属する団体を統括するために立ち上げられた組織で、毎月一回、定期的な会合が開催されています。今後は、新たに、高大生と校友会との共催事業を実施し、活動の場を広げていく予定です。また、さらなる入会会員数の増大を図ります。そして、入学と同時に校友会のメンバーになるような体制を構築するべく検討を進めています。

参考文献

片桐恵子（二〇一二）『退職シニアと社会参加』東京大学出版会。

志村ゆず（二〇一四）「「思い出」に関する調査から」ＮＰＯ法人大阪府高齢者大学校。

藤田綾子（二〇一二）「高齢者の高齢者による学習講座企画・運営に関するモデル構築のためのアクションリサーチ」ＮＰＯ法人大阪府高齢者大学校。

堀公俊（二〇一一）『白熱教室の対話術』ＴＡＣ出版。

堀公俊・加留部貴行（二〇一二）『教育研修ファシリテーター』日本経済新聞出版社。

堀薫夫（二〇一二）『教育老年学と高齢者学習』学分社。

堀薫夫（二〇一三）『成人学習者とは何か』鳳書房。


（佐藤宏一）

第4章　社会的な存在になるための組織改革
――さらなるステップアップのために

人生をより充実したものにする要素の一つとして社会参加活動があります。グループに参加すればネットワークが広がり、ボランティア活動に参加すれば、社会に広く貢献する活動に従事することができます。そこで、地域密着型の姉妹校大阪区民カレッジを立ち上げました。また、過去に経験したことのない自然災害被災者への支援のために東日本被災者支援大学校を設立、国際交流も積極的に展開し視野を広げています。本章では、この一連の流れを述べていきます。

1　社会への広がり

これまで、高齢者が望むNPO法人大阪府高齢者大学校（以下、高大）を高齢者の手で作ることに精一杯勤めてきましたが、高大を高大で学ぶ高齢者のためだけではなく、社会的な存在として位置づけるためには、目を高大の外にも向ける必要があります。高大での学びが、図4-1に示

図4-1　高大の社会参加活動の実践

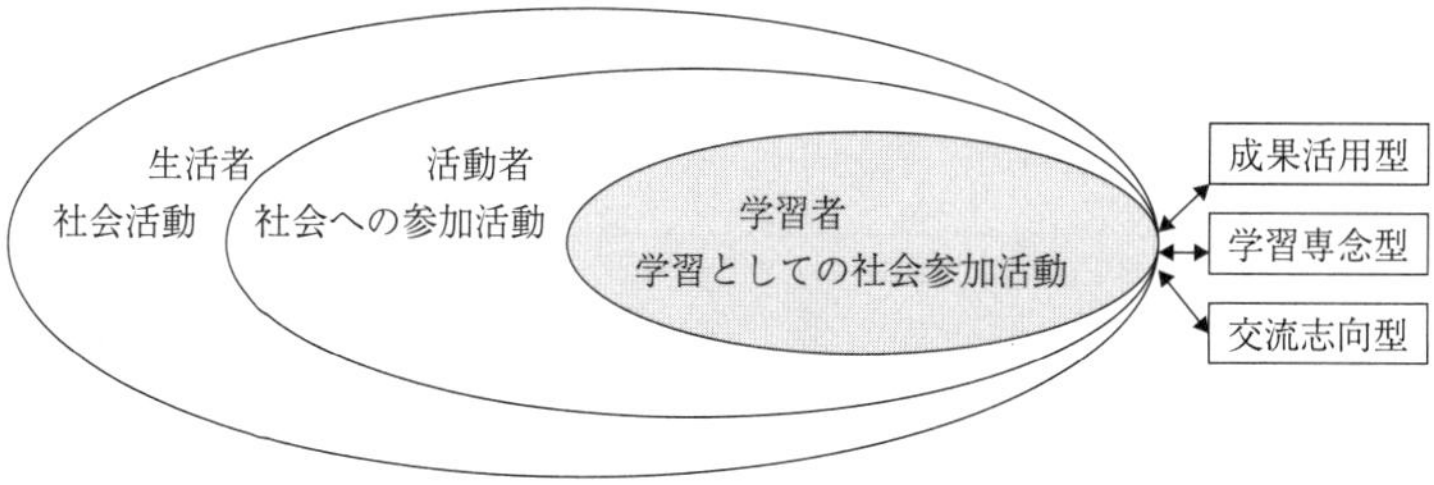

出所：NPO法人大阪府高齢者大学資料。

すように、社会に大きく役に立ってほしいというのが私たちの願いです。

そこで、次のような事業も順次立ち上げていきました。

(1)「東日本被災者支援大学校」の設立（二〇一二年）

二〇一一年三月、東日本大震災という過去に経験したことのない災害が起きました。高大としても「私たちにできることは何か！」を考えて、次のような支援活動に取り組みました。

・東北三県の産物出店バザー（アクティブシニアフェスタ2012）
・義援金カンパ活動（入学式、修了式、高大祭）
・被災地支援ボランティアツアー（復興支援、牡蠣の養殖、浪江町訪問）
・関西在住の東日本大震災被災者の無料入学を実施（東日本被災者支援大学校）
・東日本被災者支援大学校交流会（被災者同士による月例交流会）

表4-1　NPO法人大阪区民カレッジ受講生数推移表（人）

期　別	1期	2期	3期	4期
年　度	2013年度	2014年度	2015年度	2016年度
受講生数	78	121	185	257

出所：図4-1と同じ。

（2）「NPO法人大阪区民カレッジ」の設立（二〇一三年）

高大は、教養中心のカリキュラムで大阪府全域を対象地域としています。一方、大阪市では、市民の居住・生活地域である各区で、区民による安全で住みやすいまちづくり・コミュニティづくりがとりわけ大切な課題と位置づけられていました。また、少子高齢化に伴い現在元気なシニアにとっては、自分が福祉の対象となるのではなく、自分から社会の働き手となる時代になり、シニアも市民の一人として、区と協働して地域を支える担い手として活動することが求められる時代が来たとの認識が広がり、各区が新しい活性化の方策を展開しはじめていました。

そこで、今までの三五年間の生涯学習運営のノウハウを結集した上で、地域密着型で地域の担い手を育てる「大阪区民カレッジ」を別組織のNPO法人として立ち上げて、私たちの立場から地域コミュニティづくりを目指すことにしました。受講生が地元の区の現実の姿や歴史、伝統、文化などについて総合的に学習し、行政機関や地域団体、市民とともに地域実習活動を展開する講座を開講する試みです。二〇一三年四月に開校し、確実に輪が広がっています。受講生数の推移は表4-1の通りです。

（3）「法円坂子どもプラザ」の設立（二〇一四年）

少子高齢化社会にあって、地域での子どもの教育活動への支援は社会の大きな課題になっています。子どもの教育に対して「私たちに何ができるか……？」を考えました。

高大・同窓会関係のこれまでの活動実績は、地域での子ども達への工作教室、伝承玩具などでした。そこで、二〇一一年に「子ども教室研究科」を開設し、学校の実地見学を行い、実習も行いながら、科学実験を中心に教えることのできるセミプロ講師を育てることにしました。

表4-2　法円坂子どもプラザ受講生数推移表（人）

期　別	1期	2期	3期
年　度	2014年度	2015年度	2016年度
受講生数	44	60	60

出所：図4-1と同じ。

そのセミプロ講師たちによる指導のもとで、一年間の子ども向けの教室を開講しました。目標は、確かな学力を身に付けてもらうことと、心豊かな子どもの育成です。

シニアの私たちにできることは、地域の子どもたちのために、人生経験を活かした社会参加を果たしていくことです。子どもの時期に科学実験・もの作りによる感動体験・ふしぎ体験することにより、好奇心に満ちた「科学好きな」子どもを育てていくことを目指しています。そして、体験学習をすることで、子どもたちには、のびのびと自由な発想を楽しみ、自らは積極的に科学への興味を持ち、論理的・科学的な思考力を身に付けていってほしいと考えています。さらに、「日本人の心」を持った子ども達を育てていくこと

図4-2　養父市と「学習事業連携に関する協定書」を締結（2014年11月11日，左：広瀬養父市長，右：佐藤理事長）

撮影：桑津勝安氏。

を願っています。受講生数の推移は表4-2の通りです。

（4）国家戦略特区指定の養父市と連携（二〇一五年）

兵庫県養父市は国家戦略農業特区で、アベノミックス経済特区六区のうちの一つです。高齢化の進展、耕作放棄地の増大等の課題を抱える中山間地域において、高齢者を積極的に活用するとともに民間事業者との連携による農業の構造改革を進めることにより、耕作放棄地の再生、農産物・食品の高付加価値化等の革新的農業を実践し、輸出も可能となる新たな農業のモデルを構築するための特区として制定されている地域です。

そこで養父市と、相互の発展と充実に資するため、また、両者の生涯学習（文化、教育、環境等）の振興に係る連携および協力を推進するための「学習事業連携に関する協定書」を締結しました（図4-2）。これは、両者が包括的に連携し、各々が諸課題に適切に対応し、活力ある個性豊かな組織体に発展することと人材育成に寄与することを目的としており、相互に学び合いたいと考えています。初年度の二〇一四年度は延べ六〇名、二〇一五年度は延べ二九〇名による活動・交流が行われました。

表 4-3　国際文化交流の活動推移表

No	時　期	面談先	出席者	内　容
1	2011年 6月20日	上海老年大学	江晨清 副校長，他3名，大阪市教員会館 平沢保人 専務理事，大阪府高齢者大学校 長井理事長，他6名	上海現地訪問による高齢者学習と文化交流
2	2012年 3月26日	アーベントアカデミー（ドイツ・マンハイム）	Mr.Roland Hohl (Fachbereichsteiter Sprachenzentrum　言語学部長) 大阪府高齢者大学校 佐藤副理事長	バーデン・ヴェルテンベルグ州のマンハイム市での生涯学習の実態調査
3	2012年 10月11日	日欧国際シンポジウム	陳礼美氏，小田利勝氏，藤田綾子氏，原田晃樹氏，イブ・パーレンドソン（クロアチア），ロール・バトウ（フランス），クリツイツトフ・パーター（ポーランド）	パネルディスカッションに参加 EUの高齢化社会の実態を知る
4	2013年 1月24日	タイ王国視察団	タイ王国26名，社会開発・人間安全保障省24名，ガイド1名，通訳1名，大阪府介護支援課3名	タイの高齢者学習と文化交流
5	2013年 3月29日	韓国視察団	HANSEO UNIVERSITY 2名，龍谷大学1名，日本福祉文化学会 岡村ヒロ子氏，大阪市社会福祉協議会・大阪市ボランティア情報センター 脇坂博史副所長	韓国の高齢者大学校の実態と今後の動向
6	2014年 8月18日	台湾視察団	台北市政府教育局専員 楊碧雲氏	台湾の生涯学習の現状と今後の課題

出所：図4-1と同じ。

（5）国際文化交流の推進

高大は、国際的な生涯学習の実態についても積極的に調査し、また文化交流活動を行っています。これまでの活動内容は、表4-3の通りです。

（6）関西シニア大学校交流活動の推進

二〇一二年に徳島県知事の提案で始まり、毎年、関西広域連合内の生涯学習に携わる各府県の高齢者大学の交流を深める目的で開催してきました。表4-4は、今までの活動内容をまとめたものです。

2　内なる組織の安定化と成長を目指して

（1）基本的な運営方針

立ち上げ当時のメンバーは、高大を行政が運営していた時よりも「良い大学校にしたい」という思でいっぱいでした。「良いとは何か？」「誰にとって良いことなのか？」等々、これまでもみんなで侃々諤々と議論しながら運営してきました。ただ、忘れてはならないことは、高大は「特定非営利活動法人」という民間の非営利活動団体であるということです。非営利活動団体といえ

表 4-4　関西シニア大学校交流会の活動推移表

回	開催地	時期	幹事	参加大学校数	目的（主たる内容）
第1回	徳島県	2012年 9月28～29日	徳島県医療健康総局長寿保険課	8	関西広域連合内の高齢者大学校等の在校生や卒業生の方々に，徳島県で開催する「シルバー大学校共同講義・交流会」等にご参加いただくことにより，高齢者の皆様の「多様な生きがいづくりや幅広い知識の習得」につなげていただくことを目指します。
第2回	大阪府	2013年 11月8～9日	大阪府高齢者大学校	14	高齢者の「多様な生きがいづくり」「幅広い知識の習得」に努め，それぞれの地域での活動に生かされることを目的といたします。昨年度は徳島県での開催でその継続が望まれる中，今回は「大阪府高齢者大学校」が主体となり，参加校を増やして更なる交流を深めることを目指します。
第3回	兵庫県	2014年 10月24～25日	兵庫県いなみ野学園	16	生涯学習の目標ー「豊かな自己実現」ー成熟社会における地域自治への参画「豊かさ」の中の市民意識ー「よりよき地域社会の実現」社会章献による「生きがい」「やりがい」「ねばならぬ」ではなく「したい」「見てほしい」ー「自分のためかも」諸般の事情で「できない」ことも「あたりまえ」の議論を展開します。
第4回	徳島県	2015年 11月6～7日	とくしま“あい”ランド推進協議会	8	関西広域連合管内のシニア大学校生等が一堂に会し，「関西広域連合管内のシニア大学校共同講義」を通じて交流を深め，「府県境を越えた新たな仲間づくり」や「新たな生きがいづくり」を図ります。

出所：図 4-1 と同じ。

ども、組織を運営していくには経費がかかります。高大でも受講料をいただきながら、「ロマンとそろばん」のバランスを考えながら運営しています。

組織が安定的に運営されることによって、高大を揺るぎないものにするために運営スタッフは日々努力していますが、行政と比べて最も大きな利点は、「小回りが利き機動性に勝る」ということです。その利点を最大の武器にしながら、高大は次の運営方針を基本にしながら、さらなる成長を目指しています。

① 愚直に王道を行くことを運営の基本とします。

② ＮＰＯとして自立した運営を守り、何よりも「収支」と「のれん」を大切にします。

③ ＮＰＯの基本は公益であり、目先の利害にとらわれることなく収支の枠内で社会全体の利益を考え行動していきます。

④ 会員を最も大切にする運営、そして、絶えず同窓会・ＯＢに配慮し、全大阪のシニアの幸せを視野に入れた運営を行います。

⑤ 行政、他のＮＰＯ・諸団体との協働関係を強め、アクティブシニア組織の中で積極的な役割を果たしていきます。

⑥ 全員運営に徹し、情報公開を原則とします。そして、何事にも謙虚で節度をもった態度

で活動します。

⑦　市民・NPOが社会を担う時代がきています。これは歴史の流れであり、社会の進化でもあります。私たちは、この潮流にのって大胆に運営をすすめていきます。

(2) 非営利活動組織の成長と安定性を求めて――NPO法人の財務分析より

高大は、前述したように二〇〇九年一月にNPO法人として認証され、ボランティアによる運営が行われてきました。これまでの沿革をふまえながら、財務データの概要を示します（表4-5）。

①　NPO法人苦難のスタート

二〇〇九年、設立時の役員から一五〇万円を借り入れ、これを運転資金としてスタートしました。歴代事務局長が口を揃えて言うのは、予想した以上に受講生数が増えてきたことです。初めの一～二期の頃には三年後には、せいぜい一〇〇〇名程度にしか伸びないと思っていましたが、翌年には一〇〇〇名を軽く超えました。

②　高大が成長し続けられる要因――優秀なボランティアスタッフ

第一に、高大スタッフのボランティアによって支えられていることです。

交通費ぐらいしか支給できていないのですが、過去の経験から社会的責任感を持っている方が

表 4-5　大阪府高齢者大学校　財務データの概要

年度（年）	資産構成（千円）		収入財源（千円）							合計（人）	
	現預金	正味財産	経常収入計	受講料	社会的支援収入			事業収入	その他収入	科目数	受講生数
					会費	寄付金	助成金				
2008	27,729	△1,640	1,524	0	121	230	0	1,173	0		
				0.0%	7.9%	15.1%	0.0%	77.0%	0.0%	12	565
2009	48,785	△797	33,398	26,508	1,864	1,385	0	3,494	147		
				79.4%	5.6%	4.1%	0.0%	10.5%	0.4%	23	974
2010	77,331	2,459	58,175	47,198	2,580	1,754	3,145	3,191	307		
				81.1%	4.4%	3.0%	5.4%	5.5%	0.5%	37	1437
2011	104,111	7,707	90,121	71,123	3,727	2,685	8,146	4,277	163		
				78.9%	4.1%	3.0%	9.0%	4.7%	0.2%	46	1823
2012	127,866	13,247	104,960	91,124	4,518	1,020	1,425	6,445	428		
				86.8%	4.3%	1.0%	1.4%	6.1%	0.4%	53	2154
2013	153,102	19,446	120,798	111,978	330	979	1,788	4,141	1,582		
				92.7%	0.3%	0.8%	1.5%	3.4%	1.3%	59	2423
2014	166,165	27,851	133,989	126,028	336	831	2,348	4,021	425		
				94.1%	0.3%	0.6%	1.8%	3.0%	0.3%	64	2490
2015	166,365	29,584	142,757	134,649	288	710	1,807	4,515	788		
				94.3%	0.2%	0.5%	1.3%	3.2%	0.6%		

出所：図 4-1 と同じ。

多く、ゼネラリストとしてのスキルを兼ね備えているので、法人運営に欠かせない存在です。

第二は、クラスディレクター（以下、CD）制度にあると思います。

時代に合ったカリキュラム編成・素晴らしい講師に恵まれたこともありますが、教科毎に二名配置されるCDは、受講生の相談相手と講師との橋渡し、さらに毎日午後のクラスミーティングの運営などに深くかかわっています。いわば、各教科クラスの生活指導の役割をしています。受講生に困ったことがあれば、真剣に聴き、一緒になって解決策を見出したり、受講生を代表して講師に提言もします。

第三は、高大の特徴の一つですが、理事を含む高大のスタッフ全員が元受講生から選ばれているということです。つまり、全員が、その苦労が理解できるという点が素晴らしい高大運営の基盤だと思います。

③　高大運営のさらなる安定性に向けて

二〇一五年度期末の繰り越し正味財産額は二九五八万四〇〇〇円でした。さまざまな変化に対応するための資金として、また不測の事態に遭遇した場合に備えて、準備しておくべき正味財産が必要となります。不測の事態とは、詳細は記載できませんが教室の確保、校外活動に伴い発生する諸問題への対応、その他法的対応などが考えられます。この点については、行政からの指導を踏まえ適正に対応していきたいと考えております。

そのため、認定ＮＰＯ法人化を目指しています。ＮＰＯ法人の持続的な財政基盤を築くためには、外部からの財源が得られるような環境を整えなければなりません。今後の重要な課題と言えます。

④　歴代事務局長からの提言

高大の立ち上げの頃は、机、パソコンもなく、家に戻ってからの作業を毎日のように続けながら、前向きに「がむしゃらに」進んできたと思います。しかし、最近は、皆さんエリート集団化して、慎重になりすぎてもの足りなさを感じます。

もっと冒険心をもって大胆に考えて進んでいく姿勢がほしいと思います。

石橋を叩いても、なかなか渡らない傾向が出てきているように思えます。

渡りましょう。少々の失敗は恐れずにチャレンジしていきたいと思います。

これからはチャレンジ精神をもって、大いに羽ばたいて進んでいけたらと思います。

前述したように、高大は、これまでに多くの人たちの努力と知恵によって発展してきました。

そして、これからは、社会変革のために高齢者の社会におけるあり方を問い続ける作業を行いながら、次世代に渡せる社会がより良いものになっていくことを願って進み続けます。

参考文献

赤尾勝己（二〇〇八）『生涯学習概論』関西大学出版部。

片桐恵子（二〇一二）『退職シニアと社会参加』東京大学出版会。

志村ゆず（二〇一四）「「思い出」に関する調査から」ＮＰＯ法人大阪府高齢者大学校。

長井美知夫（二〇一三）「ＮＰＯ法人立あげと我が人生」ＮＰＯ法人大阪府高齢者大学校。

永田得祐（二〇一〇）「大阪府老人大学同窓会豊中創立20周年記念誌」。

藤田綾子（二〇一二）「高齢者の高齢者による学習講座企画・運営に関するモデル構築のためのアクションリサーチ」ＮＰＯ法人大阪府高齢者大学校。

堀公俊（二〇一一）『白熱教室の対話術』ＴＡＣ出版。

堀公俊・加留部貴行（二〇一二）『教育研修ファシリテーター』日本経済新聞出版社。

堀薫夫（二〇一二）『教育老年学と高齢者学習』学分社。

堀薫夫（二〇一三）『成人学習者とは何か』鳳書房。


（佐藤宏一）

第Ⅱ部　多様な視点からみた高齢者の社会活動

第5章　高齢期の学習をとおした社会参加の可能性
——高齢期をいかに生きるか

本章では、高齢者の学習と社会参加の関連の問題を、主に生涯教育学や教育老年学（educational gerontology）の観点からとらえ返し、今後の高齢者の学習活動への示唆を探っていきます。具体的には、高齢者の学習の意義と高齢期のとらえ方を確認した上で、高齢者大学などでの学習を通じた社会参加の形態の多面性にふれつつ、今後の高齢者学習のあり方を考察していきます。

1　高齢期の学習の意義

高齢者にとっての学習の意義はいかなるところに求められるのでしょうか。この点を問う前に、そもそも「学習（learning）」、とりわけ高齢者や成人に則した学習とは何かについて考えてみます。学習は、一般的には知識や技能の意識的な習得のプロセスだと考えられていますが、より基盤的な意味においては、主に心理学の領域で「経験による行動の変容」と定義づけられています（堀二〇一〇：一七)。つまり本来、学習とは、「何かを学ぶ」あるいは「知識や技能を習得する」という行為以上に、より広いすそ野をもつ概念なのです。例えば迷子にならないように目的地にたどり着けるようになることは、一般的には学習だとはいわれませんが、本来的な意味では、学習を行っていることになります。つまり学習をいかなる深みからとらえるかで、その意味するものが異なってくるということなのです。

学校教育においては、学習指導要領や受験・進学準備、毎週の授業カリキュラムなどにより、学習すべきことは必然的に制約を受けます。しかし学校教育の制度的制約から離れ、また企業での昇進や実務のための学習といったものからも解放された高齢者にとっては、学習とはより個々人を自由にし、より豊かな生活を演出しうる契機でもある行為だということができます。換言するならば、高齢期の生活に則したかたちで学習を再定義し直すことが、まずもって重要となるということです。

ところで、成人教育の領域では、「学習」の定義は、大きく分けて五つの潮流から芽生えていると考えられています。それらは次の五つです（Merriam et al. 2007：295-296）。

①　行動主義（behaviorism）

J・ワトソンやE・トールマンら行動主義心理学に淵源をもつ学習心理学の流れで、何らかの行動あるいは行動変容を生起させることを学習だと考える立場です。そのため人間の心ではなく行動に注目し、何かが「できる」ことを目指す立場だといえるでしょう。

②　認知主義（cognitivism）

J・ピアジェやK・レヴィンらの考え方に淵源をもつ学習論で、情報処理をとおして内的な認知構造の生起を図る立場です。認知主義では、何かが「わかる」ことを目指すともいえるでしょう。

③　人間中心主義（humanistic psychology）

A・マズローやC・ロジャーズらの臨床心理学に淵源をもつ立場で、自己実現や成熟、自律性などを目指すものです。

④　社会的学習論（social learning）

A・バンデューラの社会的学習理論に淵源をもつもので、モデル化などをとおして、新しい役割や行動の習得を目指します。

⑤　構築主義（constructivism）

L・ヴィゴツキーの社会・文化的心理学に淵源をもつもので、状況から意味や知識を構築することを目指す立場です。

ここで重要となるのは、従来「学習」だと考えられてこなかった活動も、枠組みを変えれば学習だと把握できるという点です。例えば、「道を歩く」こと自体は学習だとは考えられにくいのですが、④の社会的学習論の枠組みに沿って、肥満防止プログラムの一環としてとらえれば、歩行もまた学習となります。中学生が下校時にゲームセンターに立ち寄れば非教育的な行為だと考えられがちですが、高齢者が脳の活性化や健全な刺激の確保、友人づくりのためにそうした場を利用すれば、「学習」だということになります。つまり高齢者の生活と人生に則して学習を定義し直すことが重要だということなのです。

2　サード・エイジとフォース・エイジ

私たちのまわりでは、定年後の人生をセカンド・ライフと形容することも多いのですが、欧米では高齢期を人生の第三期と第四期、すなわちサード・エイジ（the third age）とフォース・エイジ（the fourth age）に区分することが通例となっています。「子ども―学齢期」「成人―就労期」「高齢者―セカンド・ライフ期」と区分すれば人生を三つに区分することになりますが、ピーター・ラスレットやウィリアム・サドラーらは、仕事や子育てで一段落がついたが高齢者だと呼ばれるにはまだ早すぎると思われる時期を人生の第三期と命名しました。そしてこの時期は、学習をとおした自己実現、それも大学での学習をするのにふさわしい時期だととらえました（具体的には五〇代くらいから七〇代前半くらいまでが射程に入れられています）（Laslett 1989；Sadler 2000）。そしてある程度の依存性が生じやすくなる主に七〇代後半以降の時期を、ライフサイクル第四期と命名しました。ここで大事な点は、高齢期をさらにその下位区分によって区分けし、それぞれの時期の特性をふまえて学習支援を進めることが重要だと指摘された点でしょう。

また五〇代くらいをも射程に入れるならば、五〇代から六〇代前半までをプレ高齢期、六〇代半ばから七〇代半ばくらいまでを（前期）高齢期、七五歳あたり以上を後期高齢期と区分することもできるでしょう。各々の時期には独自の学習課題があるものと考えられます。もちろん高齢期の最大の特徴がその多様性にあるといわれていますが、退職年齢や年金受給開始年齢など、個々人の機能的年齢とは別に、社会の側が設定した明確な年齢区分もまた存在します。したがって、例えば高齢期を三つくらいの時期に分けて、それぞれの時期に見合った学習のあり方を考えた上で、高齢期向けの学習カリキュラムを構築していくことも重要であると思います。

表5-1にこの一例を示しておきましたが、これによりますと、五〇代から六〇代にかけてのプレ高齢期では、シニア大学や第三期の大学、エルダーホステルなど、新たなことにチャレンジし、人生に対する前向きの姿勢と老後の生活設計を生むような学習がふさわしいように思えます。この時期の人の多くはまだ仕事や就労、子育てに従事されていることが多いでしょうし、親の介護問題が出てくることもあるでしょう。

表5-1　高齢者への学習支援の三層構造

	第三期前期（プレ高齢期）	第三期中期以降	第四期
主たる年齢層	50代から60代前半	60代後半から70代	75歳以上
この時期の主な特徴	・退職後の準備 ・職業・家庭生活が一段落，もしくは継続中 ・体力的に充実していることが多い ・高齢者としての自覚はあまりない	・従来の高齢者教育の主たる対象 ・退職後 ・職業・家庭生活が一段落 ・老いを感じつつも元気だと自覚する ・高齢期と中年期の自覚が混合	・高齢期の生活のなかを生きる ・社会参加活動はやや抑え気味に ・老性自覚の顕在化 ・依存的側面が顕在化してくる
この時期における学習の特徴	・自己の新しい側面の発見 ・自己実現活動 ・老後に備えての準備活動 ・新しい学習活動への挑戦	・学習の継続性を活かす ・退職にともなう生活構造の再編成 ・人間関係の再構築 ・過去と未来へのつながりをもつ学習	・学習や活動の範囲の限定 ・生理的機能低下への補助のともなう学習 ・自己の内面世界の充実化
具体例	第三期の大学，シニア大学，退職準備教育	高齢者大学，高齢者教室・学級，公民館での学習	高齢者養護施設での学習，地域の団体での交流

注：(1)あくまでの目安であり，現実にはこれに該当しない例も多い。
(2)第三期は，仕事や家庭管理，子育てなどが一段落ついた時期，第四期は，依存性が増し老いの実感がともなう時期で，厳密にいうならば，年齢とは直接対応しない。
出所：堀（2009a：70）をもとに筆者作成。

しかし六〇代後半から七〇代にかけて、多くの人が退職を経験し年金受給を開始するようになると、仕事から離れた活動や地域活動などがより重要となってくるでしょう。高齢者大学や地域の公民館などでの活動の主たる担い手はこの層になりつつあるのではないでしょうか。この時期に突入すると、一部の管理的職業や自営業の者を除き、徐々に従来の生活を回顧し、自己の人生の意味づけをすることが重要となってきます。人間関係も従来と比べるとより選択的になり、活動の範囲もそれまでうまくいったことなどを継続したがるようになっていきます。

そうしていわゆる後期高齢期と形容されている七五歳以上、あるいは八〇代以上になりますと、どうしても依存的な側面が顕在化してくるといわざるを得なくなります。人間関係や活動もより選択的となり、自分にとって大事だと思われる活動や人間関係が焦点化されていくでしょう。新たなことに目を向けようとしつつも、一方でたしかなことや安心できることを軸にしたがるようになっていくのではないでしょうか。

なお、筆者はNPO法人大阪府高齢者大学校（以下、高大）受講生の学習への意識を年齢層別に分析しましたが、それによると、六〇代の学習意識が「新奇性」、すなわち新しいことにチャレンジしたいという意識に彩られることが多いのに対し、六〇代後半から七〇代にかけては「継続性」、つまりそれまでうまくいったあるいは心地良かったことを続けたいと思うようになり、七〇代後半以降は「離脱性」、つまり活動と人間関係を制限し静的・室内的な活動を好むようになるという解釈が示されました（堀 二〇一五）。高齢期は、その生活状況だけでなく学習への意識もまた変化するのであり、それに呼応した学習支援が求められると考えられます。

老年学者ハリー・ムーディとジェニファー・サッサーも同様に、高齢者の社会活動がその年齢によって、次のように領域別活動率が変化することを指摘しました（Moody & Sasser 2015：31）。

① 高齢期を進むにつれて新たな余暇活動を開始する者の数は減っていく。
② 体力を使う活動や旅行などの活動率は、七五歳くらいを境に急激に低下する。
③ ガーデニングなどの活動率はゆるやかに低下する。
④ テレビ視聴、インフォーマルな会話、教会活動などは高齢期になってもあまり活動率は低下しない。
⑤ 読書や家族員との交流などは、かなりの高齢になっても活動率は低下しない。

高齢者への学習支援においては、こうした高齢期の余暇・社会活動の変化のパターンをもふまえておくことも大事だといえるでしょう。

3　高齢者学習に関連する二つの理論——継続性理論とSOC理論

高齢期を変化の時期としてとらえそこに学習を重ねていく上で、欧米で示された二つの理論が参考になるかと思いますので、以下、それらを簡単に紹介します。

その第一は、アメリカの老年学者ロバート・アチュリーが提唱した、人間の社会的活動の継続性理論（continuity theory）です（Atchley 1989：2000）。継続性とは、高齢期の変化のなかを貫く一貫性のようなもので、高齢者はそれまでの生活経験のなかで、自身が「見慣れた」「うまくいった」「心地良い」活動などを続けたいと思うということです。例えば、「学習といえば先生の話を聞くことだ」と思い、主に講演や講義を拝聴してきた高齢者にとっては、講義型の学習が心地良いということです。いきなり討議型・体験型の学習をと言われても、抵抗感を示すことも多いでしょう。その人がそれまで慣れ親しんできた方法や環境を大事にしつつ、必要に応じてその上で新たな学習方法と学習スタイルにチャレンジすることを求めていくことが、高齢者への学習支援にとって重要なポイントだと思います。

アチュリーは、この継続性は退職あるいは六〇代あたりに有効だと指摘していましたが、先に示した高大受講生への調査結果では、むしろこの継続性は七〇代くらいに援用されやすいということでした（堀 二〇一五）。したがって六〇代から七〇代にかけての学習支援においては、その人がそれまで慣れ親しんできた学習の仕方と環境を、何らかのかたちで組み込みつつ進めていくことが大事になるといえるでしょう。

第二は、心理学者ポール・バルテスらが提唱した、「選択的最適化とそれによる補償（Selective Optimization with Compensation＝SOC）」という考え方です（Baltes 1987：堀 二〇〇九b）。ここには次の三つの要素が含まれています。

①　選択（selection）

高齢者の発達を考える場合、職業領域など、その人がそれまで選択してきた適応の形態が、その人の生涯発達の一般的な形態として持続的に発展していくでしょう。

②　最適化（optimization）

高齢期にはどうしても、生理的能力の低下や社会的役割の減少など、「喪失（loss）」としてのエイジングに向き合わねばならなくなっていきます。そうした可塑性の狭まりのなかで、ではどういう目標ならばうまく適応できるかを柔軟に考えるように工夫していくようになるでしょう。

③　補償（compensation）

前述の選択と最適化を達成するために、補償的・代替的な作用を援用していきます。例えば高齢のタイピストが、タイピングのスピードの低下を補うために、先読みの技能を発達させることなどがこの好例だといえます。

つまり、高齢者は自分が選び取った内容領域を、自分に合った適応形態へと工夫しつつ、かつ老いにともなうネガティヴな影響力に対しては代替的な方法を案出しつつ、学習を進めていくということです。高齢者への学習支援においては、こうした個性化された学習の筋道を尊重・強調しつつ進めていくことが重要となるでしょう。

4　高齢期における学習を通じた社会参加の意義

(1)　高齢者の社会参加への意識

多様性に彩られる高齢期およびその時期固有の学習形態をふまえつつ、高齢者への学習支援が進められていくのですが、ではこうした学習を通じて、高齢者はいかに地域や社会と向き合っていけばよいのでしょうか。また、高齢者大学での学習などの、学習目標とはいかなるところに求められるのでしょうか。多くの高齢者大学では、「学習を通じての地域のリーダー育成」「学習成果の地域への還元」といった点が標榜されています。しかし、ほんとうに高齢者大学などで学習したことは「地域活動」に活かされねばならないものなのでしょうか。また地域活動に活かすとは具体的にいかなることを指すのでしょうか。特に高大の場合、前身の大阪府老人大学においては、府民の税金により無料で受講機会が提供されていました。しかし今日の高大では、受講料が府民の税金によって賄われているのではなく、受講生が年間五万円の受講料を供出するかたちで運営が進められています。そこでは「府民の税金によってささえられているから成果を社会に還元せよ」という論理は通用しにくいでしょう。では、受講生が一定額の受講料を支払いつつかつ社会貢献をという場合の理由づけはいかなるところに求められるのでしょうか。この点が問われねばならないのです。

青少年向けの学校教育の場合、その教育目標は主に、成人生活への準備という語に集約されるかと思います。このいとなみをとおして世代のサイクルが継続し、ある世代が獲得してきた文化遺産のエッセンスが次世代へと伝達されていきます。また成人教育の場合も、成人生活上の問題解決への対応という側面がつよいといえるでしょう。仕事や子育て、地域生活などの領域にて生じる課題を解決する上で、学習は有効なツールとなるでしょう。では、主に退職や子離れを経験したのちの、高齢者にとっての教育・学習の意義とはいかなるものなのでしょうか。そこには、将来の生活への準備や仕事上の問題解決といった側面とはやや異なる、高齢期ならではの目標や意義があるものと考えられます。

その目標の一つとして、学習を通じての社会参加や社会貢献を挙げることができるでしょうが、その点にふれるまえに、内閣府がこれまで行ってきた調査結果に注目しておきます。ここでは特に、内閣府が行った、「平成二五年度　高齢者の地域社会への参加に関する意識調査結果」（六〇歳以上対象、次の①②と関連します）と同「平成二六年度　高齢者の日常生活に関する意識調査結果」（六〇歳以上対象、次の③と関連します）の主な結果に注目してみます（内閣府編 二〇一四：二〇一五）。

①就労希望年齢については、最も多い回答は、「働けるうちはいつまでも」（二九・五％）で、「七〇歳ぐらいまで」の二三・六％がこれに次いでいました。「六五歳あるいはそれ以前まで」は

全体の三分の一でした。つまり高齢者の三人に二人は、六五歳で「隠居」「悠々自適」とは考えていないということなのです。

②社会参加活動に参加したいと思っている高齢者は七二・五％で、この比率は、六〇代八〇・四％、七〇代七〇・二％、八〇代以上五二・九％と、年齢が上がるにつれて低下していました。希望が最も多かった内容領域は「健康・スポーツ」（四四・七％）で、「趣味」の二六・三％がこれに次いでいました。また調査結果を経年的に見るならば、社会活動への参加意欲は年々増加しているようでした。

③参加したい団体・グループでは、「趣味のサークル・団体」の三一・五％と「健康・スポーツのサークル・団体」の二九・七％が高率でした。「ボランティア団体」（一二・七％）、「学習・教養のサークル・団体」（一〇・七％）、「老人クラブ」（一〇・一％）あたりはやや低率でした。「健康・スポーツ」関連の活動への要求率は高いのですが、活動団体に入るとなるとやや比率は低下するようでした。

前述の結果を総合するならば、多くの高齢者とくに七〇代までの層では、社会活動と就労への意欲が高いこと、そして社会参加活動ではサークルなどの形態が人気で、いきなりボランティア活動や地域活動へという方向には抵抗を感じる方もおられるということになるかと思います。実際、高大でも社会貢献や地域活動への抵抗感を示される方も多いと聞きます。したがって学習を通じての社会参加や社会貢献を考える場合、①高齢者が有する、高い就労意欲と社会活動への意欲を、学習活動にどうつなげていくのか、②地域づくり・社会貢献とは異なり、学習活動そのものを目的とする人々をどう理解するのかという点が重要となってくると考えられます。

(2) 高齢者の就労・社会活動への意識と学習の関連

第一点目の高齢者の就労・社会活動への意欲を考える場合、まずかれらのすべてが収入と直結した活動を求めているのではないという点に留意する必要があります。もちろん経済的安定を最優先せざるを得ない高齢者が多いことも否定できませんが、他方で、他者や地域に対して貢献し、まわりから認められることに歓びを見出す高齢者が多いこともまた事実でしょう（例えば内閣府の「国民生活選好度調査」（平成二二年度）では、高齢者（特に男性）のボランティア活動参加率が高いことが示されています(1)）。つまり高齢者の就労・社会活動意欲の高さの背後には、高齢者の社会貢献への意識が同時に胚胎しているとも考えられます。

しかし他方で今日の多くの高齢者が好む社会参加のパターンは、比較的拘束力や地縁性が弱いサークルや団体などを介したものです。学習に特化した放送大学・大学院への高齢者参加率も年々高まっていますし、シニア大学も一定のニーズと合致しているといえます(2)。片や従来型の地縁団体や老人クラブへの参加希望はあまり高くないようです。

ここで高齢者の学習・教育の特徴を考えておきましょう。若者の学習の背後には、知識や技能を獲得しそれらを活かしたいというニーズがあるといえるでしょう。高齢者の学習の場合、そうした側面とともに、「自分を教育者として活用してほしい」「自分の能力を発揮して社会に認められたい」という、若者とはやや異なったニーズがあるものと考えられます[(3)]。自分が教育を受けるだけでなく、自分が教育者でもありたいというニーズがあるということです。高齢者の学習を通じた社会参加や社会貢献を考える場合、高齢者の内に埋もれている学習資源をいかに耕し、それを伝えるというかたちの学習にいかにつなげていくかが大きな課題となるでしょう。

(3) 学習専念型の学習と地域活動に開かれた学習

第二に、高齢者大学などの学習の場では、いわゆる学習専念型の高齢者が多いことも事実でしょうし、そういう声を高大でも聞きます。例えば二〇一四年に行われた受講生調査では、ある受講生は次のような声を寄せていました。

「専門家の講義を受けたり実習による指導を受けることで自分の知識・経験に深みを加えるために、勉強する目的で入学している。各種行事などには興味はない」（大阪教育大学生涯教育計画論研究室編 二〇一四：一一二）。

放送大学や大学開放が高齢者に人気なのは、その証左かともいえます。放送大学に二〇年以上通い続けている八〇代の女性も次のように述べられました。

「私が高齢者大学などに行かない理由は、あそこでは毎年入門レベルのことを繰り返すからなのです」。

彼女が求めているのは学習そのものの発展や深まりであり、年度ごとに初級にリセットされる学習には抵抗があるということなのです。両者に共通している点は、「学習そのものを深めたい」という意識です。しかし多くの高齢者大学では、「学習成果の地域活動への還元」「地域活動のリーダーに」といったスローガンが掲げられているところが多いです。両者の関係をいかに考えればよいのでしょうか。

ここで留意すべき点が三つあります。第一に学習専念型の前述の女性は、他方で地元ではボランティア活動にも積極的に関わっており、そして学習と地域活動を介在するものが気心知れた仲間集団であったという点です。つまり高齢者大学などで学んだことを直接的に地域還元するのではなく、学ぶことと地域活動とを並行して行っているのだということです（表5-2内の「学習専念・地域活動分離型」参照）。自身の生活時間のなかで、学習に特化した部分と地域活動に向かう部分とを意識的に分離させている事例です。

第二は、仮に学習専念型であったとしても、高齢者大学などに毎週出かけることで生活にハリが出て、家族との会話もスムーズにいき、充実した高齢期を過ごせるならば、「それ自体」もまた広い意味で社会貢献ではないかという点です。高齢者一人ひとりが充実感とともに日々を過ごせるならば、そうした生活を送れることがまわりの者に幸福感をもたらすならば、それもまた社会貢献ではないかということです。また年齢が上がるにつれて、社会交流型の活動から遠のく人が増えるということもあるでしょう。それゆえ、特に後期高齢期の方に対しては、ゆるやかで限定的なかたちでの社会貢献のあり方も考えていかねばならないでしょう。

学習成果の地域還元には三つ目の別の問題も付随します。成果の還元をしたくてもその受け皿が用意されていない場合、あるいは還元の機会があっても還元希望者がうまく活用されない場合などです。例えば、ある市では、高齢者リーダーバンクに登録しても、数年間声がかからない人が多くいたという問題がありました。観光地で高齢者のボランティア・ガイドを頼んだら、説明があまりに長すぎて、依頼者の方がボランティアで傾聴をしているようだったという感想を聞いたこともあります。つまり高齢者の成果還元への意欲だけでなく、その受け手のあり方も同時に考えていかねばならないということなのです。

このように、（高齢者大学などでの）学習を通じての社会参加や社会貢献と一口で言っても、現実にはそれと連動する多くの問題点が存在します。表5-2では、高齢学習者を「学習専念型」と「学習成果の社会還元型」とに分けた上で、各々をさらに細分化してタイプ分けを試みてみました。これによると、「学習専念型」といっても、①特定の学習内容を深めることを目的とする「学習内容深化型」、②高齢者大学などでは学習のみに専念するが、それとは別に居住地域などで地域活動を行う「学習専念・地域活動分離型」、③ある学習内容に関心をもち、それに関連するいくつかの学習の場を渡り歩く「学習内容拡張型」、④学習することそれ自体が目的となり、多くの学習の場を渡り歩く「学習自己目的型」などに分けることができるかと思います。

他方「学習成果の社会還元」「学習を通じての社会貢献」といっても、その中にはいくつかのタイプがあるものと考えられます。例えば、①高齢者大学などで学んだことを地域などに持ち帰って伝えていく「学習内容伝達型」、②学習する姿勢や学習活動の重要性を伝える「学習姿勢還元型」、③学習したことをきっかけにその学習領域をより広い社会的文脈から伝える「学習内容拡張貢献型」、④学習の場で培った人間関係をより豊かに継続させていくことを軸として、さらなる活動を展開していく「人間関係還元型」、⑤学習内容に関連のある地域組織や団体を運営していき社会的アクションを起こす「地域組織運営型」、⑥学習したことをきっかけに、本人がそれと底流でつながっていると思う社会活動を進めていく「間接的学習還元型」といったものにタイプ分けできるかと思います。重要な点は、高齢者大学などでの学習によって、それまで潜在化

表 5-2　高齢者大学での学習と成果活用との関連からみた学習者のタイプ

学習者のタイプ	主な特徴	具体例
学習専念型		
1．学習内容深化型	現在学んでいる学習内容をさらに究めていく	・ある時代や地域の歴史の史実に精通する
2．学習専念・地域活動分離型	高齢者大学では学習に専念するが，それとはまったく別に地域活動をする	・高齢者大学で歴史を学び，居住地域ではスポーツを教える。両者はまったく関連しない
3．学習内容拡張型	同様の内容の学習を軸に，他の学習の場を渡り歩く	・歴史の学習を，高齢者大学，公民館，大学などで学んでいく
4．学習自己目的型	学習活動そのものが目的，さまざまな学習内容を学んでいく	・さまざまなタイプの学習の場に出かけ，学ぶことそのものを生きがいとする
学習成果の社会還元型		
1．学習内容伝達型	学んだ内容をそのまま他に伝える	・高齢者大学で学んだ内容をもとに，別のところで講師を務める
2．学習姿勢還元型	学習する姿勢や学習の重要性を伝える	・地域で学習サークルをつくり，学習することの重要性を強調する
3．学習内容拡張貢献型	学んだことをきっかけに，その学習領域のより広い文脈から社会貢献をする	・歴史を学んで，自分の住む地域でのボランティア・ガイドをする，ガイド内容と学習した歴史の内容とは直接つながらない
4．人間関係還元型	学習の場で築かれた人間関係をより豊かなものにしていく	・学習の場で築かれた人間関係を軸に地域活動を展開する
5．地域組織運営型	学習内容に関連のある地域組織を運営していく，社会的アクションを起こす	・福祉論を学習して，地域に福祉関連の団体を立ち上げる
6．間接的学習還元型	学習内容とは直接関連しない領域で，社会活動を行う（本人は，両者は根っこでつながっていると思っている）	・料理を勉強して在日外国人支援の活動に参加する（韓国料理を媒介にするなど）
その他		
1．時間活用型	余暇時間を埋め合わせるために学習の場に行くが，学習や社会貢献にはあまり関心はない	・時間つぶしのために，高齢者大学に行く

注：これらはあくまで想定されるモデルであり，現実にはこのうちのいくつかが混在している。
出所：筆者が高大プログラム担当者と協議をして，そこで出されたタイプを整理したものである。

していた学習資源としての生活経験が活性化され、学習期間を経て社会的にそれらを具現化させていくという点でしょう。なおこれらとは別に、現実には学習にも社会活動や社会貢献にもあまり関心がなく、ただ時間つぶしあるいは話し相手探しのために高齢者大学に来られる方もおられると聞きます（「時間活用型」）。

前述の分類をふまえた上で、ここでは特に、①現実には、学習専念型と学習成果の地域還元型の間に明確な線を引くのはむずかしいこと、②学習成果の還元といっても現実にはそこに多様な形態があること、③成果を還元する受け皿も同時に考えねばならないといったことに留意しておく必要があるでしょう。

5　高齢者の学習を通じた社会参加の可能性への提言

最後に、高齢者大学などで学んだことを社会還元することに関連する新たな可能性についてふれておきます。

第一は、高齢学習者の指導者としての位置と関連します。認知心理学の領域に一〇年ルールというのがあるように、学習したことが熟達や熟練の域に達するには、だいたい一〇年もしくはそれ以上かかるといわれています（楠見 二〇一二：三四-三五：今井 二〇一六：一七〇-一七二）。これは若い人を念頭において論じられたものであるため、高齢期から始めた学習が熟達の域に達するには一〇年ではすまないでしょうし、生理的・身体的条件から考えて、熟達が非常に困難な領域も多くあるでしょう。例えばＩＣＴやコンピュータに関する学習などはそうでしょう。しかし高齢学習者には独自の強みもあります。それは、高齢者がコンピュータを学ぶことを実感レベルで伝えられるという点です。一流レベルの知識習得ではなく、生活のなかでパソコンを活用したいというのであれば、高齢者の生活をより理解しうる位置にいる高齢学習者の方が、より指導者として好ましいといえるのではないでしょうか。高齢者の生活と実感に則して指導ができるという点で、高齢学習者は指導者としても好位置にいるということです。そういう意味では高齢のクレーマー対応や高齢者へのスポーツ指導にも、高齢対応者がより向いているのかもしれません。

第二に考えるべきは、高齢者学習のカリキュラムとプログラムを、より地域や社会に開かれたものに組み直すという点です。高大での学習ニーズ調査結果からも示されたように、高齢者に「歴史」関連の科目の人気が高いとはいえ、最も希望が多かった具体的項目は「(地域の)史跡めぐり」でした（大阪教育大学生涯教育計画論研究室編 二〇一四：三三）。つまり地域社会そのものを学習の場としていくことも、高齢者の学習ニーズに沿った点だと考えられます。座学が好きな高齢者が多いことは事実でしょうが、カリキュラムそのものの中に、具体的な地域や社会との接点、あるいは社会活動そのものを組み込んでいくこともカリキュラム改革の重要な視点ではないでしょうか。

第三に考えねばならないのは、高齢者の孤立化防止の問題です。特にひとり暮らし高齢者にとっては、他者や地域との紐帯を保つことは、場合によっては死活問題にもつながりかねないでしょう。ここでいうつながりは、インターネット上のつながりであってもよいでしょう。高齢者にとっては、社会貢献や社会参加以前に、他者との「つながり」の構築それ自体が重要となるといえます。学習専念型受講者ももちろん歓迎されるべきですが、しかし高齢期の孤立化の罠にはまらないためにも、学習を通じた何らかの社会的交流を軽視してはならないでしょう。

高齢者が学びつづける社会、そして高齢者の学びが社会貢献につながる筋道が探られる社会、こうした社会の到来は歴史的にみてもきわめて新しい動向です。それだけに新たなことへのチャレンジの中から、たしかな道への一歩が踏み出されていくことを期待したいと思います。

注

(1) 内閣府編「平成二二年度 国民生活選好度調査」より。引用は、超高齢社会における生涯学習の在り方に関する検討会編（二〇一二：五六）。

(2) 例えば、二〇一六年度第一学期の放送大学学生のうち、六〇代以上は二五・三%、五〇代以上だと四四・三%であった。大学院修士課程では六〇代以上は二八・五%、五〇代以上は五九・二%、博士課程では六〇代以上は二九・七%、五〇代以上は六四・九%であった（放送大学「数字で見る放送大学」(http://www.ouj.ac.

jp/hp/gaiyo/number/; 二〇一六年七月一六日アクセス)。

(3) 超高齢社会における生涯学習の在り方に関する検討会編(二〇一二:一六–一七)等。

参考文献

今井むつみ(二〇一六)『学びとは何か――「探究人」になるために』岩波書店。

大阪教育大学生涯教育計画論研究室編(二〇一四)「高齢者大学受講者への学習支援に関する調査研究――NPO法人大阪府高齢者大学校を事例として」。

楠見孝(二〇一二)「実践知の獲得――熟達化のメカニズム」金井壽宏・楠見孝編『実践知――エキスパートの知性』有斐閣、三三–五七頁。

超高齢社会における生涯学習の在り方に関する検討会編(二〇一二)『長寿社会における生涯学習の在り方について』。

内閣府編(二〇一四)「平成二五年度 高齢者の地域社会への参加に関する意識調査結果」(http://www8.cao.go.jp/kourei/ishiki/h25/sougou/gaiyo/index.html; 二〇一六年七月一六日アクセス)。

内閣府編(二〇一五)「平成二六年度 高齢者の日常生活に関する意識調査結果」(http://www8.cao.go.jp/kourei/ishiki/h26/sougou/zentai/index.html; 二〇一六年七月一六日アクセス)。

堀薫夫(二〇〇九a)「高齢者の学習と支援」小池源吾・手打明敏編『生涯学習社会の構図』福村出版。

堀薫夫(二〇〇九b)「ポール・バルテスの生涯発達論」『大阪教育大学紀要 第Ⅳ部門』五八(一)、一七三–一八五頁。

堀薫夫(二〇一〇)『生涯発達と生涯学習』ミネルヴァ書房。

堀薫夫(二〇一五)「継続性の視点からみた高齢期における学習意識の変化に関する調査研究」『大阪教育大学紀要 第Ⅳ部門』六三(二)、九一–一〇〇頁。

Atchley, R.C. (1989) "A Continuity Theory of Normal Aging" *The Gerontologist*, 29, pp. 183–190.
Atchley, R.C. (2000) *Social Forces and Aging: An Introduction to Social Gerontology* (*9th ed.*), Wadsworth.
Baltes, P.B. (1987) "Theoretical Propositions of Life-Span Developmental Psychology" *Developmental Psychology*, 23, pp. 611–626.
Laslett, P. (1989) *A Fresh Map of Life: The Emergence of the Third Age*, Harvard University Press.
Merriam, S.B., Caffarella, R.S. & Baumgartner, L.M. (2007) *Learning in Adulthood* (*3rd ed.*), John Wiley & Sons.
Moody, H.R. & Sasser, J.R. (2015) *Aging: Concepts and Controversies* (*8th ed.*), Sage.
Sadler, W.A. (2000) *The Third Age: 6 Principles for Growth and Renewal after Forty*, Perseus Publishing.

（堀　薫夫）

コラム1　我が人生に悔いは無い

『我が人生に悔いは無い』と言える人は多くはいないでしょう。リタイア後も知識や技術を社会に役立てたいと思う人は沢山います。しかし第二の人生をテイクオフさせるのは容易ではありません。勇気と熱意とチャンスが必要です。私は七年前に入学した生涯学習の場であるＮＰＯ法人大阪府高齢者大学校（以下、高大）で貴重な体験をしました。英会話講座受講を機に、まさか自分が受講生の皆さんを助ける側になろうとは考えてもみませんでした。六年間も英会話講座のクラスディレクター（ＣＤ）を務めさせて貰い、延べ四〇〇名を超える人達との出遭いを通して結果と効率重視の世界から過程を重視し共に学び助け合う世界を発見することができました。顧みて僅かでも受講生の学習の応援ができ、社会貢献の一端を担えたのではと思います。「学ぶ」「仲間づくり」「健康作り」を理念とする高大で活躍の場を頂き、社会への参加活動に生き甲斐を感じています。高齢者の一人として、自分は幸せ者だと思います。

（「英会話交流を楽しむ科・月曜C」・月曜日・ＣＤ　市坂健一）

第6章　健康と学び・社会活動の関係
――健康科学的見地からみた効果

本章では高齢者の健康科学の見地から学びの効果について述べます。高齢者の健康は、余命の長短や疾病の有無といった医学の枠の中ではなく、より学際的にとらえる必要があります。生活機能の自律性さらに生涯発達を視野に入れる必要があります。

1　高齢社会における学びの意味――起こることはすべて想定外

東日本大震災、熊本地震と人類に大きな災いがもたらされる中で、いわゆる地震学者といわれる人たちのコメントがマスコミに流されています。驚いたことに、異口同音に「これらは想定外であった」という内容に収斂してしまっています。想定外だったのだから、予測や対策案に貢献できなかった自分に責任はないのだといわんばかりです。しかし、いやしくも専門家なら、想定し得なかった自分自身あるいは自分を含む専門家集団の責任を感ずるべきです。一方には、地震学の専門家でない歴史学者などが、古文書の過去の地震の記録から、大地震の可能性を示唆していた事実もあります。

ともあれ、ここで述べたいことは専門家の道徳的責任のことではありません。〝想定外〟という言葉が免罪符になるという発想が生まれている学問の方法に対する認識のあり方が、まさに問題なのです。〝想定外〟のアントニムは〝想定内〟ということになります。ここで、想定の礎となる方法は過去の経験や実施研究から公式をつくり、それを未来の予測に役立てるというものです。医学の世界では evidence-based medicine、看護学の世界では evidence-based nursing とよばれます。原因究明型の研究とよばれることもあります。

実はこの evidence-based とよばれる方法の限界は心ある識者の間では自明のことなのであります。看護学の分野では、evidence-based nursing の限界は一九七〇年代から示されています。一九八〇年代以降はP・ベナーとJ・ルーベルの現象学的人間論と看護（Benner & Wrubel 1988）に代表されるように、「新しい患者、過去の患者に法則があてはまることはない」という発想が低流となっています。医学の分野でも、evidence-based medicine を金科玉条とする傾向に反省が加えられつつあります。

地震学に関していえば、かなり以前から欧米では、完璧に発生を予測することは不可能なので、発生にともなう被害の予測とその対策のシミュレーションの研究に軸足が移されていました。しかし、日本では地震発生予測の研究にのみ執着し、あげくの果てに〝想定外〟とうそぶく始末となっているのです。

過去の事象から原因をつきとめ未来を予測しようとする evidence-based の発想のアンチテーゼはブレークスルーとよばれます。原因究明を旨とする evidence-based に対し、問題解決を主眼するのがブレークスルーです。過去ではなく未来のあるべき姿を想定し、現在の手立てを探るという言い方もできます。要素還元的な意味で原因がつきとめられなくとも問題を解決することはできます。コレラ菌が発見される三〇年も前に、コレラの流行を予防することに成功した一九世紀におけるロンドンのジョン・スノーの功績です。感染源と感染経路を井戸水のマッピングから原因を発見しました。近代疫学のスタートです。

高齢社会や加齢に関する学びを考えるとき、これまで学問の主流であった evidence-based の発想はあまり役に立たないことを銘記すべきです。evidence-based の発想は、老年学においては、地震学において以上に無力であると考えられるからです。地震の発生は、地球の歴史の上である周期性をもっている可能性を否定はできません。しかし、長寿社会の到来は未曽有のことであり、人類は過去に一度として経験したことがないのです。ある意味では、すべてのことが〝想定外〟に起こる自明のこととして対処しなければならないのです。

高齢社会のための学説に地震学を笑えない誤謬も多々あります。認知症に対しても、その発生を予防するための研究に汲々として、発生した場合の対処の仕方にシステマティックな取り組みをしてこなかったきらいがあります。精神疾患の中で、統合失調症、周期生気分障害、てんかんは、必ず人口に一定の割合で発生することが知られています。高齢者における認知症も発生そのものをゼロにすることはできません。

したがって、認知症に対して、発生を二年くらい遅らせることが可能ならしめること、発生した場合の本人および介護者のQOLを維持するためのマクロまたはミクロ的施策の確立のためにより多くの努力が必要となります。

生涯学習のあり方についても、社会的ニーズは変わりつつあります。従来からある教養主義的なものも止まることなく、高齢者の社会貢献のスキルアップに資するような中味が求められています。これまでの生涯学習のプログラムは、ほとんどこのようなことを意識していませんでした。時代の要請が変化してきているのです。

2　高齢者の健康とは何か

健康の定義として、一九四六年のWHO（世界保健機関）憲章のそれが有名です。この定義は「健康とは単に病気がないとか虚弱でないということではなく、身体的にも精神的にも社会的にも完全に良好な状態のことである」と謳っています。これはきわめて理念的で崇高な定義ですが、宗教における善悪、美学における美醜と同じように、人文学的なカテゴリーの中に含まれます。このＷＨＯの定義では、人類を健康な人とそうでない人の二群に分けることになります。少しでも欠陥があれば不健康ということになるので、健康の段階あるいは程度を表出し得ないことになります。何の欠陥もない人は存在しないので、健康に分類される人はほとんど存在しなくなるかもしれません。

第二次世界大戦後のＷＨＯおよび各国の健康科学の専門家の努力は、この人文学的発想から出発した健康の概念を、健康に対する手立てをならしめるように、如何に操作化するかに払われました。測定を可能にし、再現性を担保するための尺度の開発が必要と認識されるようになりました。

一九八〇年のＩＣＩＤＨ（国際障害分類）にもそれが端的に示されています。この分類は、障害を三つの段階に階層化しました。病気（disease or disorders）にかかると、まず第一段階目は機能・形態障害（impairments）、それが能力障害（disabilities）へ、そして社会的不利（handicap）へと移行します。それぞれの段階を測定するための尺度も開発され、リハビリテーションの目標もその対象の障害の段階に応じて定められることとなりました。脳卒中の後遺症のため理学的回復の不可能となった患者には、社会的不利をこうむらないための手立てが考えられるようになりました。

図6-1　ロートン（1972）の生活機能階層モデル（簡略）

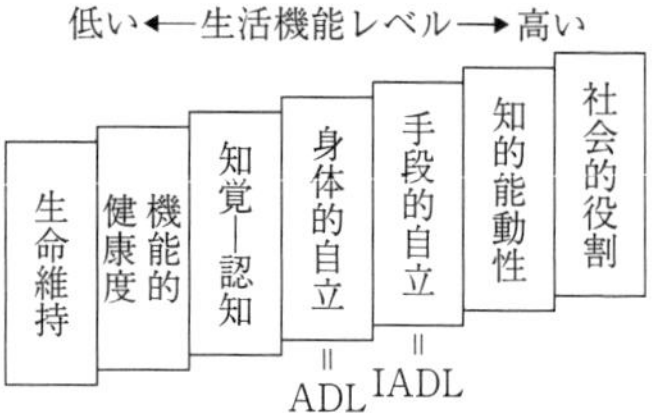

出所：日本応用老年学会編著（2013：36）。

さまざまな手段を用いての社会との接触、情緒的なサポートの提供が大切と認識されるようになりました。リハビリテーションの世界では〝ROM（関節可能性）からQOL（生活の質）へ〟が合言葉となったのです。

一九八六年のヘルスプロモーションに関するオタワ宣言にも、この健康概念を操作化するための理念が示されています。ヘルスプロモーションを健康な人がより健康になるためのノウハウと誤解している人も多いのです。しかしオタワ宣言に込められているヘルスプロモーションの精神は〝いかなる健康状態にある人も、それを少しでも改善するためスキルを身につけるプロセスである〟というものです。いかなる健康状態にある人にとっても、ヘルスプロモーションは存在するのです。

このような健康に関する概念の変革と操作化への文脈の中で、高齢者の健康に対する定義が生まれたのです。一九八四年のWHOの委員会は、これまで健康は生死（寿命）や疾病の有無を指標として判断されてきましたが、高齢者に関しては生活機能の自立を指標として健康を測定することを提言しました。WHOがこのような提言をする素地は整っていました。M・P・ロートン（Lawton 1972）の生活機能に関する階層モデルの確立と最低必要な尺度化も進んでいたからです

（図6-1）。

ここに示したモデルは、ロートンの原型の骨格のみを示したものです。生活機能は、もっとも低いレベルは何とか生命を維持している段階、もっとも高いのは社会的役割を果たしうる段階です。丁度まん中の身体的自立はADL（日常生活動作）の尺度で測定され、このレベルの自立性（着脱衣、洗面、入浴、食事）が失われると障害（あるいは要介護）老人ということになります。

表6-1は、ロートンの手段的自立、知的能動性、社会的役割の三つのカテゴリーからなる尺度です。ADL障害を有するのは地域高齢者の五％くらいですが、一見自立している高齢者のより高次の生活機能（＝健康度）の程度をみるためにこの尺度は開発されました。

一九八四年のWHOの高齢者の健康に関する定義は、まことに意義深いものです。中年期までに先天性の病気や生活習慣病で生命を失った高齢者には成り得ません。したがって開発途上国で有用である生死の指標は、もはや高齢者集団においては本質的な意義を失っています。

加齢にともない急性期の疾患への罹患は減るが慢性疾患への罹患は増加します（柴田 二〇〇三a）。〝一病息災〟という格言もあります。個々の疾病の重症度は、中年期までと比較し高齢者では低い傾向があります。しかし、全身の老化を背景に発病するので、高齢者の慢性疾病の数は多くなります。ともあれ、高齢者はたとえ脳卒中になっても、マヒも言語障害も認知障害もなく自立した生活機能を営むことができれば健康ということになります。健診の場合にも、病気の有無

表 6-1　老研式活動能指標

毎日の生活についてうかがいます。以下の質問のそれぞれについて，「はい」「いいえ」のいずれかに○をつけて，お答えください。質問が多くなっていますが，ごめんどうでも全部の質問にお答えください。

手段的自立について	(1)　バスや電車を使って一人で外出できますか	1．はい 2．いいえ
	(2)　日用品の買い物ができますか	1．はい 2．いいえ
	(3)　自分で食事の用意ができますか	1．はい 2．いいえ
	(4)　請求書の支払いができますか	1．はい 2．いいえ
	(5)　銀行預金・郵便貯金の出し入れが自分でできますか	1．はい 2．いいえ
知的能動性について	(6)　年金などの書類が書けますか	1．はい 2．いいえ
	(7)　新聞などを読んでいますか	1．はい 2．いいえ
	(8)　本や雑誌を読んでいますか	1．はい 2．いいえ
	(9)　健康についての記事や番組に関心がありますか	1．はい 2．いいえ
社会的役割について	(10)　友だちの家を訪ねることがありますか	1．はい 2．いいえ
	(11)　家族や友だちの相談にのることがありますか	1．はい 2．いいえ
	(12)　病人を見舞うことができますか	1．はい 2．いいえ
	(13)　若い人に自分から話しかけることがありますか	1．はい 2．いいえ

注：「はい」という回答に1点を与えて合計得点で算出する。
出所：古谷野・柴田ほか（1987）。

よりも生活機能を測定することが優先的に用いられるべきなのです。

3　老化概念の変遷

(1) 一九六〇年代まで――加齢変化に対する否定的な概念の形成

老年学（ジェロントロジー）は、学問の要素還元化とタテ割り化を止揚する使命をもって生まれた学際的な学問です。しかし、この学問が生まれて半世紀あまりは要素還元的な手法しか用いることができませんでした。人間を観察する場合にも、臓器→細胞→遺伝子という還元的な方法を採りました。個々の臓器の機能を個別的にみると成人以降劣化していくようにみえます。頭髪は薄くなり四〇歳からは老視も始まり五〇代から難聴も始まります。デカルトの人間機械論のロジックにしたがえば、部分（臓器）を集めたのが人間です。個々の臓器の機能が加齢にともない劣化するのならば、人間全体も加齢にともない劣化するという帰結となります。

表6-2　ストレーラーの老化の特徴（1962）

1．普遍性	老化は生命あるものすべてに起きる
2．固有性	出生・成長・死と同様に固体に固有のもの
3．進行性	突発的なものでなく進行性である
4．有害性	機能低下は直線的に進み，死の確率は対数的に高まる

出所：柴田（2016a：81）。

このような老年学の研究が一九六〇年代までは主流でした。当時の細胞老化学の泰斗B・L・ストレーラー（Strehler 1962）は、人間の老化の特徴として表6-2に示す四つを挙げました。紙幅の都合で詳細は避けますが、この老化の特徴の四つ目の有害性がきわめて特徴的です。人間は成長し成熟した後は坂を転げ落ちるように劣化していくと考えられたのです。このような老化の概念は、一九七〇年代以降修正されてきましたが、いまだ完全に克服されたわけではありません。老化を否定的にとらえることを高齢者差別（Ageism）といいますが、これが社会の至る所に残っています。

（2）一九七〇年以降――直角型の老化、生涯発達概念の成立

一九七〇年代に入り、老化概念は大きく変化してきました。一九六〇年代までの要素還元的な生物学的手法に代わり、心理学、社会学の分野を含め、人間の総合的な追跡的観察に基づく研究成果が結実してきたからです。アメリカのデューク大学の研究が「Normal Aging」というタイトルで一九七〇年に上梓されました。これは、医学、心理学、社会学的な学際的手法で、地域の六〇～九四歳の住民を一四年間追跡調査した結果をまとめたものです。スタートは一九五五年ですが、このような縦断（追跡）研究は結果が出るのに時間がかかるのです。要素還元的研究、たとえば、高齢者と若者の臓器を比較するといった研究は、追跡調査ではなく断面調査です。結論

は早く出ますが真実を語り尽くすことはできません。

デューク大学の研究が生み出されるプロセス、また、その研究の成果は老化概念の変革に大きなインパクトを与えました。デューク大学の研究と理念を同じくする研究が次々と生み出されていったのが一九七〇年代以降のプロセスといえるでしょう。

生涯発達という概念も生成されるに至りました。ストレーラーが成人以降加齢にともない能力も人格も劣化していくとした概念と対照的な概念が生まれたのです。生涯発達理論には、二つのカテゴリーがあります。一つは人格面の発達理論です。ユング、マズロー、エリクソンらの理論にそれをみることができます。もう一つのカテゴリーは、バルテス夫妻に代表される能力面の生涯発達の理論です。

図6-2　WAIS尺度得点10年間の変化

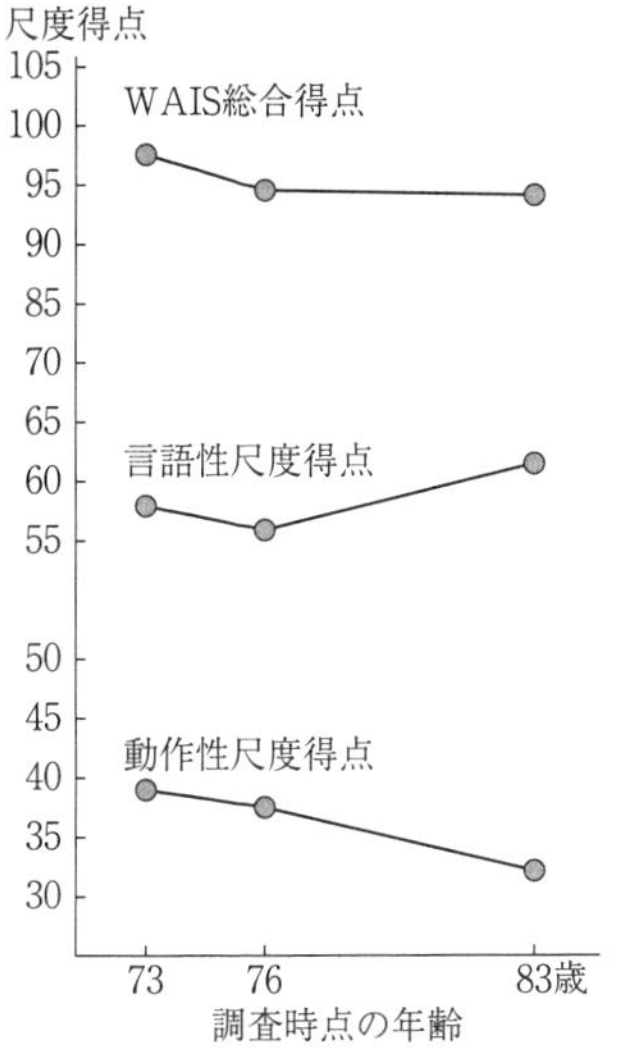

注：WAIS は Wechsler Adult Intelligent Scale の略。知能テスト。

資料：中里克治・下仲順子の研究（小金井研究より）。

出所：柴田（1993：55）。

図6-2に人間の能力の七〇歳以降の加齢変化を示しました。動作性能力は加齢にともない低下の傾向を示しますが、言語性能力は加齢にともない上昇の傾向を示します。動作性能力は別名流動性能力とも呼ばれます。生得的な要素に左右される面

も大きいです。たとえていうと車の運転のような能力は、これにあたります。一方、言語性能力は別名結晶性能力ともよばれます。すぐ動作には表出されない概念を操作したり価値判断をしたりする能力です。芸術家の能力にみられるような英知的にまで高められた能力は、動作性のものであっても、生涯発達する可能性のあることも示されています。

かつてストレーラーの老化有害説が支配的であった頃は、人間は、成人以降坂を転げ落ちるように生活機能も低下していくと考えられていました。しかし、一九七〇年以降は、人間の生活機能は死の比較的間近まで保たれると考えられるようになってきました。人口学者のJ・H・フリーズ（Fries 1980）はこれに直角型の老化と命名しました。平均寿命が延伸していくにつれ、七〇歳末病で死亡するケースは減っていきます。しかし、人間には一〇〇歳を少し超えたあたりに限界寿命があり、生存曲線はその限界寿命に収斂していくことになります。一年草が晩秋に一斉に死滅するように生存曲線は直角化していくという現象を見出したのです。死の原因となる病気や障害も年齢的に後送りとなっていくことが内在しているとフリーズは考えました。

フリーズが直角型の老化と命名した現象に、心理学者は終末型低下と命名しました。人間の生活機能や能力は死の直前に急速に低下すると考えたのです。この概念を儀画化すれば「ピンピンコロリ」ということになります。しかし、真の意味での「ピンピンコロリ」は、死亡者の一割くらいに存在しますが、これには自殺、事故死、殺されるといった自然的でない死亡も含まれてく

表6-3　日本における学際的老年学の足跡

年	日　本	アメリカ（参考）
1937		加齢研究クラブ （学際的サロン）
1944		アメリカ老年医学会（AGS）
1945	終戦	アメリカ老年学会（GSA） 加齢研究クラブが母体
1959	日本老年学会 （日本老年医学会＋日本老年社会科学会） 現在は7学会に増えている	
1965		高齢アメリカ人法
1967		北テキサス大学修士課程
1972	東京都老人総合研究所 （養育院附属病院703床併設） 現在の東京都健康長寿医療センター	
1974		アメリカ国立老化研究所（NIA） 高等教育老年学協会（AGHE） 現在はアメリカ老年学会の一組織となっている
1989		南カリフォルニア大学博士課程
1990	国際長寿センター（ILC，日本＋アメリカ）現在17カ国	
2002	桜美林大学修士課程	
2004	桜美林大学博士課程	
2004	国立長寿医療研究センター	
2006	日本応用老年学会	
2009	東京大学高齢社会総合研究機構	
2015	桜美林大学老年学総合研究所	

出所：柴田（1993：160）。

表 6-4　老年学とは何か

1	加齢変化の科学的研究
2	中高年の問題に関する科学的研究
3	人文学（Humanities）の見地からの研究 （歴史，哲学，宗教，文学など）
4	成人や高齢者に役立つ知識の応用 （Maddox et al eds: The Encyclopedia of Aging, 1991）
5	世代間問題の研究

出所：柴田（2007）。

図 6-3　高齢者の生活機能（老化度）の正規分布モデル

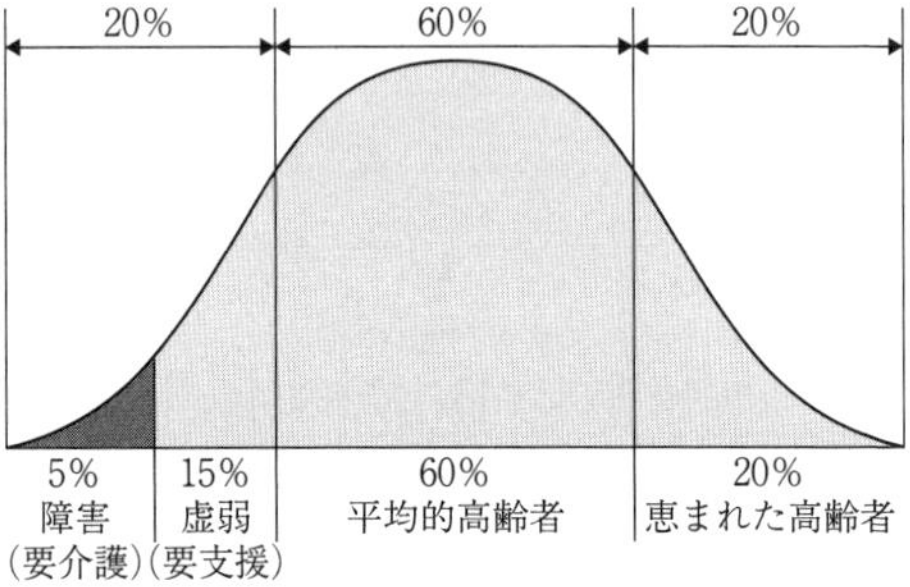

資料：Schrock（1980）のモデルを日本の実情に合わせて改変。
出所：日本応用老年学会編著（2013：19）。

るので、人間の死として理想的といえるか否か疑問です。心理学の終末低下関連の論文も注意深く読むと、死の二年くらい前からショッピングの能力などの手段的自立が損なわれて部分的なサポートが必要となることが伺えます。

人間は、生後二年くらいは自立歩行も完全ではなくサポートを受けています。死亡する前も二年くらいサポートを受けるようにできているものと思われます。そのような期間の存在は「ピンピンコロリ」の概念と矛盾するものではないでしょう。

一九七〇年以降の老化概念の変革に、加齢や高齢者の問題を研究するための研究所が設立されたことも大きく貢献しました。一九七二年に東京都老人総合研究所、一九七四年にアメリカ老化研究所が設立されました。これに関連してさまざまな老年学の研究体制も整備されてきました（表6-3）。表6-4に示したように学際的な老年学の目的は多岐に亘ります。加齢の研究、高齢者の抱える問題の研究などを取り扱うわけですが、研究の当初は病気や障害、また貧困など喫緊に対応しなければならない対象の研究を優先させることになります。一方、図6-3に示すM・シュロック（Schrock 1980）のモデルのように高齢者の障害者と要支援者の合計は二割くらいで八割の高齢者は自立しているのです。

老年学の研究所の設立はこのマジョリティを占める自立高齢者の実態調査、ウェルビーイングのための研究を促進させることとなりました。一九八〇年代に入ると高齢者の社会貢献（プロダクティビティ）の概念が創り出され、一九九〇年以降はそれをめぐる実証研究が活発になってきたのです。

4　老年学の教育と学習

老年学を学ぶことは、あらゆる世代にとって必要な事です。高齢社会の本質を理解する上で大切なことは言を待たないのです。そして高齢者にとっては、自分自身の生き方を考えるために老年学は必須です。また、若い世代にとっては将来の自分の人生を考える上でも老年学の学びは重要です。

現在、日本人の中に奇妙な錯覚が存在します。それは、〝日本は高齢化率が世界一であり、平均寿命も世界のトップレベルである。したがって、高齢社会の理念や施策の面でも世界のフロントランナーである〟という思い込みです。しかし、日本は、平均寿命五〇歳の壁を突破するのに、欧米諸国に半世紀遅れをとりました。つまり遅れて成熟社会になったのです。そのため高齢社会への対策も遅れたのです。特にアメリカと比較すると大きく遅れていることがわかります。表6-3に示すように、アメリカでは一九六五年に高齢アメリカ人法を制定し、全国の主要な大学に老年学の研究や教育の重点投資を行いました。一九七四年の国立老化研究所が設立された年には、AGHE（高等教育老年学協会）も設立され、老年学教育は大きく前進しました。今はこの協会は、アメリカ老年学会の中に包括されて機能しています。

このような努力の結果、アメリカには学際的な老年学の修士号を取得できる大学は優に一〇〇を超えていますが、日本では二〇〇二年に設立された桜美林大学大学院修士課程が唯一のものです。老年学博士号課程もアメリカでは八つの大学で可能ですが、日本では二〇〇四年に設立された桜美林大学大学院博士課程しかありません。

よく指摘されることですが、日本の施策は箱ものづくり偏重という欠点をもっています。国立ではなく都立とはいえ、東京都老人総合研究所はアメリカ老化研究所に二年先行して設立されました。しかし、老年学の研究を担う人材育成の施策が欠如しているので、まさに〝仏つくって魂入れず〟の状態になっているのです。

日本学術会議（二〇一一）は「提言、持続可能な長寿社会に資する学術コミュニティの構築」をまとめました。これは本委員会と三つの分科会によってまとめられたものですが、ジェロントロジー教育分科会（委員長：柴田博）は、老年学教育のカテゴリーを表6-5のようにまとめました。

表6-5　ジェロントロジー教育の枠組み

ア）小・中・高等学校教育
イ）学部・大学院教育
ウ）成人・高齢者教育
エ）研究者育成のための教育
オ）社会科学，人文学，工学，医歯・看護学，福祉学等の専門教育におけるジェロントロジー教育の導入

出所：日本学術会議持続可能な長寿社会に資する学術コミュニティの構築委員会（2011：13）。

これは初等教育から高等教育までの教育の一貫性、一般的教育に加え専門分野における教育の重要性を意識してまとめられたものです。ウ）の成人・高齢者教育は、フォーマルな学校教育としてでなく、いわゆる生涯学習のことを意味しています。

日本における生涯学習に対する政策には一貫性、発展性が欠如しています。主として自治体あるいはその関連団体が施行しているプログラムをみても、きわめて教養主義的であり、職業的なスキルアップまた広い意味での社会貢献への動機づけに役立っているものはきわめて少ないのです。

筆者が指導した桜美林大学大学院修士課程の学生の一人は、東京都のある区のかなり歴史のある生涯プログラムの受講者の意識調査を行い修士論文にまとめました。興味深いことに、受講しはじめた動機には〝社会のために役立つ活動をする技術を身につけたい〟とするものがきわめて多かったのです。しかし、筆者はこの学習プログラム修了者のその後をみていますが、社会貢献的な活動に参加していくケースは極めて希です。この地区にはさまざまな在宅高齢者に対する活動が展開されていますが、それらにこの学習プログラム修了者がその担い手になったという話は皆無に近いのです。もちろん、生涯学習プログラムの教養涵養的要素を否定するものではありません。しかし、自己閉塞的な教養主義は本人のためにもならないのです。

5　高齢社会に対応していくためのスキルと資格

老年学はこれまで述べてきたように学際的な学問です。科学をも人文学を包括した大きな体系となっています。したがって、これを学ぶことがどのような実践的な武器となるのかを明らかにすることは容易ではありません。老年学の中には老年医学も含まれますが、日本老年医学会は認定老人病専門医の資格をつくり、日々の診療に役立てています。このように老年学を構成している個々の領域の知識およびそれを証明する資格の有用性は自明のことです。しかし、学際的老年学の学位そのものが、どのような仕事、どのような職場に有用なのかを示すことが喫緊の課題と

図 6-4　日本応用老年学会認定ウェルビーイング・コンシェルジュへのプロセス

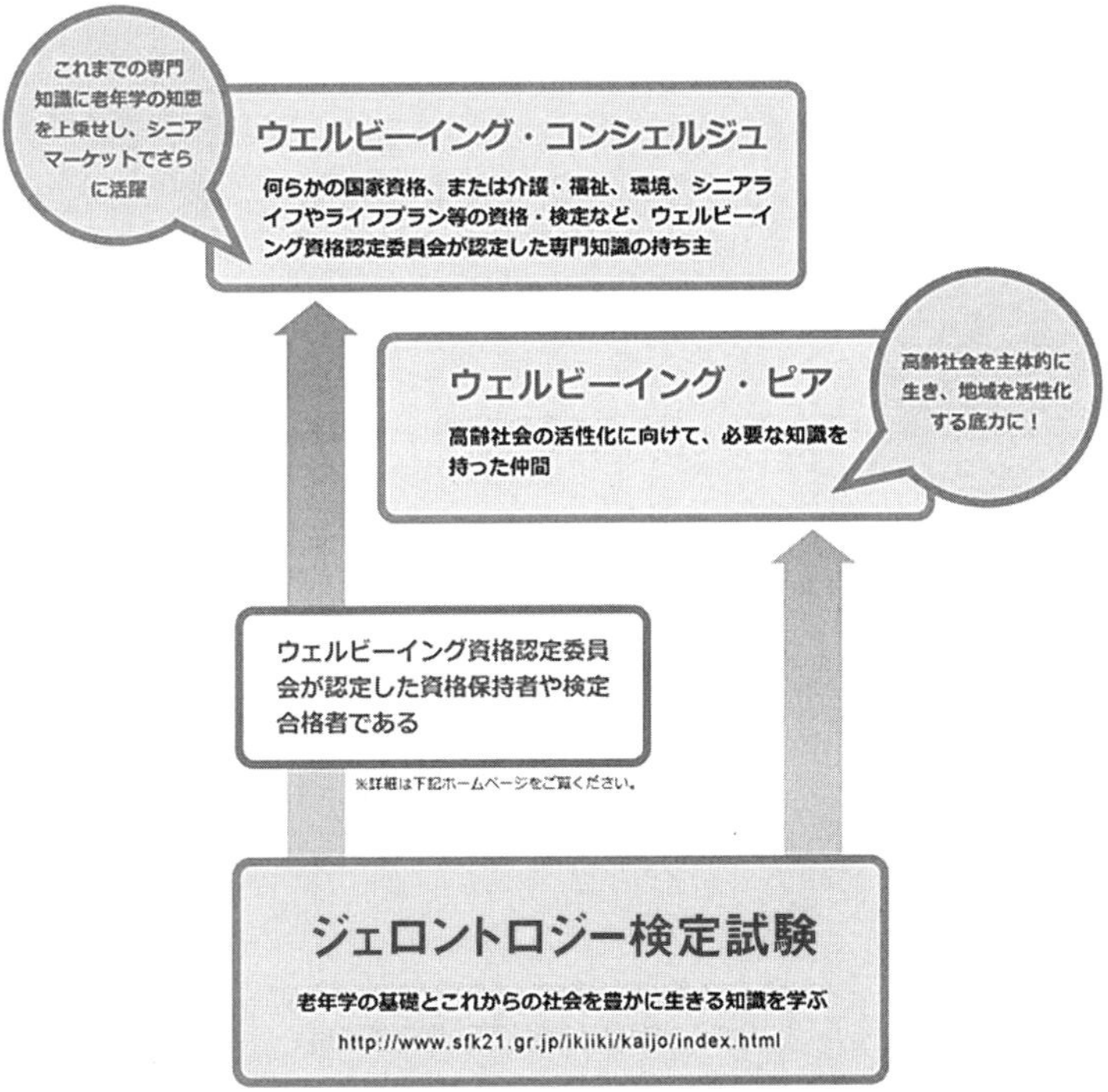

注：2017年４月以降，「生・活」知識検定試験はジェロントロジー検定試験に名称が変更される。
出所：日本応用老年学会資料，2017年３月。

図6-5　老年学（ジェロントロジー）を学ぶテキスト

（主な内容）

序章	支えられる時代から，共に支え合う時代へ
1章	幸せな高齢社会の基盤，ウェル・ビーイング
2章	体の健康編
3章	心の健康編
4章	コミュニケーション編
5章	老化予防編
6章	生活編
7章	社会交流編
8章	地域活性化と新しいビジネス編
9章	介護予防編
10章	介護保険と介護編
11章	医療と年金編
12章	暮らしの安全・安心編

出所：日本応用老年学会編著（2013)。

なっています。アメリカの老年学の専門家の間でも、このことはいつも話題となります。日本でも状況は同じです。老年学の学位とともに他の資格、たとえば、臨床心理士とか介護福祉士の資格も取れるようにするといった二重資格を取得できるようにすることも工夫の一つです。アメリカには、このような二重資格のシステムを取り入れている大学院もあります。

筆者たちは、学際的老年学を学んだことを保証する資格制度を五年前に設立しました。これは図6-4に示したように日本応用老年学会のウェルビーイング・ピアの育成と、ウェルビーイング・コンシェルジュの資格制度です。この日本応用老年学会は、二〇〇六年、それまでの老年学関連の学会が成し得なかった老年学教育、産業老年学の研究と実践をも推進する目的で設立されました。産・官・学・民のコンソーシアムづくりを目指しています。老年学（ジェロントロジー）の正しい知識を学習し（図6-5）、五〇問の検定試験問題のうち七〇点以上で合格すると、ウェルビーイング・ピアとなります。さらに、検定委員会にすでに取得している他の国家資格や団体資格を届け、その資格が認められればウェルビーイング・コンシェルジュの資格を得ることができます。

学習内容と試験問題は、老年学の基礎、応用、実用の組み立てとなっています。これはいかなる職種に従事する人々にとっても、また日頃家族を含め高齢者と交流する人々にとっても、さらに若い人々の人生設計のためにも必須の知識と考えられます。目下三井住友信託銀行の全社員がこの資格を取得しつつあります。会長、社長、支店長と、シニアの方々から資格取得に乗り出したことに敬服しています。高齢のクライエントに接する社員の教育の意義も資格取得に付与されていると管理職の方々は述べています。

参考文献

佐藤眞一監修（二〇〇六）『「結晶知能」革命』小学館、一一-一二三頁。
柴田博（一九九三）『元気に長生き元気に死のう』保健同人社。

柴田博（二〇〇三a）「高齢者の健康法」亀田治男・山中學・河合忠編『高齢者と医療』富士レビオ株式会社メディコピア44、二二-三五頁。

柴田博（二〇〇三b）『中高年健康常識を疑う』講談社選書メチエ。

柴田博（二〇〇七）「老年学の目的と意義」柴田博・長田久雄・杉澤秀博編著『老年学要論――老いを理解する』建帛社、一-一六頁。

柴田博（二〇一五）「学際的な学問としての死生学」医療科学研究所監修『人生の最終章を考える』法研、一七-三五頁。

柴田博（二〇一六a）『スーパー老人のヒミツは肉だけじゃない！　室井摩耶子に注目』（ジェロントロジー・ライブラリー1　生涯発達の条件）社会保険出版社、一-一六六頁。

柴田博（二〇一六b）「高齢者の健康と自立」東京商工会議所編『改訂第4版 福祉住環境コーディネーター検定試験 3級 公式テキスト』社会保険研究所、四六-六二頁。

柴田博監修・国際長寿センター編（二〇一六）『Productive Aging・高齢者が主人公となって地域を創っていく時代へ』社会保険出版社、一-二九頁。

柴田博・長田久雄・杉澤秀博編著（二〇〇七）『老年学要論――老いを理解する』建帛社、一-三〇二頁。

日本応用老年学会編著（二〇一三）『ジェロントロジー入門』社会保険出版社。

日本学術会議 持続可能な長寿社会に資する学術コミュニティの構築委員会（二〇一一）『提言 持続可能な長寿社会に資する学術コミュニティの構築』（http://www.scj.go.jp/ja/info/kohyo/pdf/kohyo-21-t119-1.pdf, 2016.4.10）。

野尻雅美編著（二〇一一）『改訂第2版 最新保健学――疫学・保健統計』真興交易医書出版部。

古谷野亘・柴田博ほか（一九八七）「地域老人における活動能力の測定――老研式活動能力指標の開発」『日本公衆衛生雑誌』三四巻、一〇九-一一四頁。

堀薫夫（二〇一〇）『生涯発達と生涯学習』ミネルヴァ書房。

山本思外里（二〇一一）『よりよく老いる技術』社会保険出版社。

Benner, P. & Wrubel, J.（1988）*The Primacy of Caring. Stress and Coping in Health and Illness*, *Addison*, Wesley Publishing Company.（＝一九九九、難波卓司訳、ベナー／ルーベル『現象学的人間論と看護』医学書院。）

Birren, J.E. & Schaie, K.W.（eds.）（2006）*Handbook of the Psychology of Aging*, Elsevier.（＝二〇〇八、藤田綾子・山本活市監訳『エイジング心理学ハンドブック』北大路書房。）

Fries, J.H.（1980）"Aging death and compression of morbidity," *New England Journal of Medicine*, 303, pp. 130–135.

Kastenbaum, R.（1987）"Gerontology" In Maddox, G.L. et al（eds.）*The Encyclopedia of Aging*, Springer Publishing Company, pp. 289–290.

Lawton, M.P.（1972）"Assessing the competence of older people" in Kent, D.P et al（eds.）*Research Planning and Action for the Elderly. The Power and Potential of Social Science*, Human Sciences Press, pp. 122–143.

Palmore, E.（ed.）（1970）*Normal Aging*, Duke University Presse.

Schrock, M.M.（1980）*Holistic Assessment of the Healthy Aged*, John Wiley & Sons.

Shibata, H., Suzuki, T. & Shimonaka, Y.（eds.）（1997）*Longitudinal Interdisciplinary Study on Aging*, Serdi Publisher.

Strehler, B.L.（1962）*Time, Cells and Aging*, Academic Press, New York.

World Health Organization（1984）*The use of Epidemiology in the Study of the Elderly*, WHO Technical Report Series, 706, 1984.

（柴田　博）

コラム2　私は今

私は今、NPO法人大阪府高齢者大学校（以下、高大）でクラスディレクター（以下、CD）をしています。クラスは「音楽鑑賞を深める科」。たまには辛い事もあるけれど、それ以上に大きな喜びと充実感がありやって良かったと思っています。五年前に私が高大に入学したのは今と同じ科、M先生の講義はクラシックをわかりやすく解説して頂き凄く楽しかった。先生の素晴らしいピアノ演奏が毎回聴ける事や音大の先生方のジャズ演奏もあり実に贅沢な授業でした。先生の講義は毎年中身が全く変わるので、私は三年間同じクラスの受講生でした。

この授業は私の一番の趣味である社交ダンスにも大変役立っていると実感しています。そして二年前にひょんなことから、CDをやることになりました。いろいろな困難がありました。私も必死でやりました。でもそんな時にクラスの受講生やCD仲間、いろんな人が助けてくれました。本当に嬉しかったです。この活動を陰で支えてくれた家族にも感謝し、これからも頑張って行こうと思っています。

（「音楽鑑賞を深める科」・火曜日・CD　西村周子）

第7章　高齢期の危機は心構えで乗り越える
――ライフイベントの対処法

本章では、退職、親の死、配偶者の大病、老化の進行など、人生の後半に待ち構えているさまざまなライフイベント（人生において遭遇する重要な出来事）をいかに乗り越えるか、そして乗り越えた先には何が見えてくるのかを考えます。

1　「老い」に出会う

老いをどのように迎えるのか。誰もが不安に思っています。私たちは、これまでの人生航路の中でさまざまな出来事に出会ってきました。人々の多くがそれぞれの人生の中で出会う重要な出来事を「ライフイベント（life event）」といいます。進学や結婚、昇進のように「良い」と感じるライフイベントもありますし、自分や家族の病気やケガ、夫婦間のトラブル、親しい人との死別などの「悪い」ライフイベントもあります。子どもの独立や親との同居、退職など良い面と悪い面のどちらも予想される中立的なライフイベントもあります。通常は良いといわれるライフイベントでも、人によっては悪いライフイベントになってしまう恐れがあるのと同様に、大きな精神的衝撃となるライフイベントでも、それを乗り越えることによって、人としてのたくましさが身につくこともあります。あるいはまた、矛盾と偶然が詰まった人生の奥深さを感じることもあるでしょう。

人生後半期に至った私たちにも、それまで以上にさまざまなライフイベントが待ち受けています。その中には人生の危機といえるようなライフイベントもあります。これまでの研究では、配偶者との死別は人生に最大の危機をもたらすライフイベントであり、仕事を解雇されることの二倍以上の精神的な衝撃を受けることが示されています（Holmes & Rahe 1967：東京都老人総合研究所 一九九七）。

高齢期には、他にも親の死、定年退職、老化の進行、病気を患う、介護を受ける、施設への入居、友人の死等、さまざまな危機的なライフイベントに出会います。老いることに不安を感じるのは、こうしたたくさんの危機が予想されるからです。私たちは、このようにして「老い」と出会ってしまいます。誰もが落胆したり、苦々しく思ったり、目を背けようとしたりします。

しかし、老いは必ずしも喪うばかりのネガティヴなものではありません。どうとらえるかによって、そして補う方法を知っているかによって、老いの様相は違ったものになります。喪失を獲得に替えて、新たな人生を切り開くことができるのです。

以下では、ライフイベント研究の歴史的背景や人が生涯にわたって発達する存在であることの研究を概観した上で、高齢期に出会う重要なライフイベントをどのように乗り越えるかについて考えてみたいと思います。

2　ライフイベントと生涯発達

(1) ライフイベント研究の始まり

ライフイベントは、それを体験することで日々の生活にさえ支障が出るほどの精神的痛手を負ってしまうという仮定から、精神障害の発症との関わりについて研究されていました。その考えを拡大して、一般に人々が生涯の中で体験する主要なライフイベントの衝撃の大きさを比較できるように数値化したのがT・H・ホームズとR・H・レイの研究です（Holmes & Rahe 1967）。表7-1は、「配偶者の死」から精神的に立ち直るために必要とされる「生活変化単位」を一〇〇という基準値にしたときの他のライフイベントの生活変化単位値を表しています。つまり、その数値が大きいほどストレス度が高くて精神的に立ち直ることが難しく、それだけ精神的な衝撃が大きいことを示しています。

表 7-1　社会再適応評価尺度

順位	出来事	生活変化単位値	順位	出来事	生活変化単位値
1	配偶者の死	100	23	息子や嫁が家を離れる	29
2	離　婚	73	24	姻戚とのトラブル	29
3	夫婦別居生活	65	25	個人的な輝かしい成功	28
4	拘置，拘留，または刑務所入り	63	26	妻の就職や離職	26
5	肉親の死	63	27	就学・卒業・退学	26
6	けがや病気	53	28	生活条件の変化	25
7	結　婚	50	29	個人的な習慣の変更	24
8	解　雇	47	30	上司とのトラブル	23
9	夫婦の和解調停	45	31	仕事時間や仕事条件の変化	20
10	退　職	45	32	住居の変更	20
11	家族の病気	44	33	学校をかわる	20
12	妊　娠	40	34	レクリエーションの変化	19
13	性的障害	39	35	教会活動の変化	19
14	新たな家族成員の増加	39	36	社会活動の変化	18
15	職業上の再適応	39	37	約230万円以下の抵当（借金）	17
16	経済状態の変化	38	38	睡眠習慣の変化	16
17	親友の死	37	39	親戚づきあいの回数の変化	15
18	転　職	36	40	食習慣の変化	15
19	配偶者との口論の回数の変化	35	41	休　暇	13
20	約230万円以上の抵当（借金）	31	42	クリスマス	12
21	担保，貸付金の損失	30	43	ささいな違法行為	11
22	仕事上の責任の変化	29			

出所：Holmes & Rahe (1967: 216).

この研究は、一九六〇年代のアメリカ人の生活上のストレス（ライフストレス）を表しているため、各項目のストレス度は現代日本の事情とは異なると思いますが、強度の上位三項目がいずれも配偶者に関連することであることが興味深いところです。配偶者は、結婚をした者にとっては掛け替えのない存在です。しかし、一方で、私たちの人生上の危機を招く存在でもあるのです。このことからも、ライフイベントを単なるストレッサー（ストレスをもたらす出来事）ととらえることはできません。それを乗り越えたときに得られるものがあるはずです。

(2) 生涯発達とライフイベント

「発達」という言葉は、通常、成長の著しい乳幼児期や児童期、青年期を対象に用いられます。その後の成人期は心身の状態や生活の安定した時期であり、やがて老化のプロセスが始まる高齢期を迎えるのが人生のとらえ方です。しかし、発達を成長というポジティヴな側面だけでなく、減退、衰弱というようなネガティヴな側面をも含む多様な変化であると考えると、その対象は生涯に広がります。

P・B・バルテスは、成長（growth）と老化（aging）は同時に生じており、発達とはその両者を含む概念と規定しました。特に児童や青年の心理特性は、成人期や高齢期との比較によってその独自性が明らかになるのであり、児童期や青年期も全生涯の中でとらえることが重要であると指摘したことは、生涯発達心理学（life-span developmental psychology）の成立に大きく寄与しました（Goulet & Baltes 1970）。

バルテスは、成長と老化は表裏一体の現象であると述べています。成長とは生物学的形態上の新たな何らかの「獲得」を指しており、形態面の獲得があれば、同時にそこには「喪失」が生じます。これが老化です。獲得と喪失による交代現象は、出生時からすでに生じています。ただし、

図 7-1　生涯発達プロセスにおける獲得と喪失

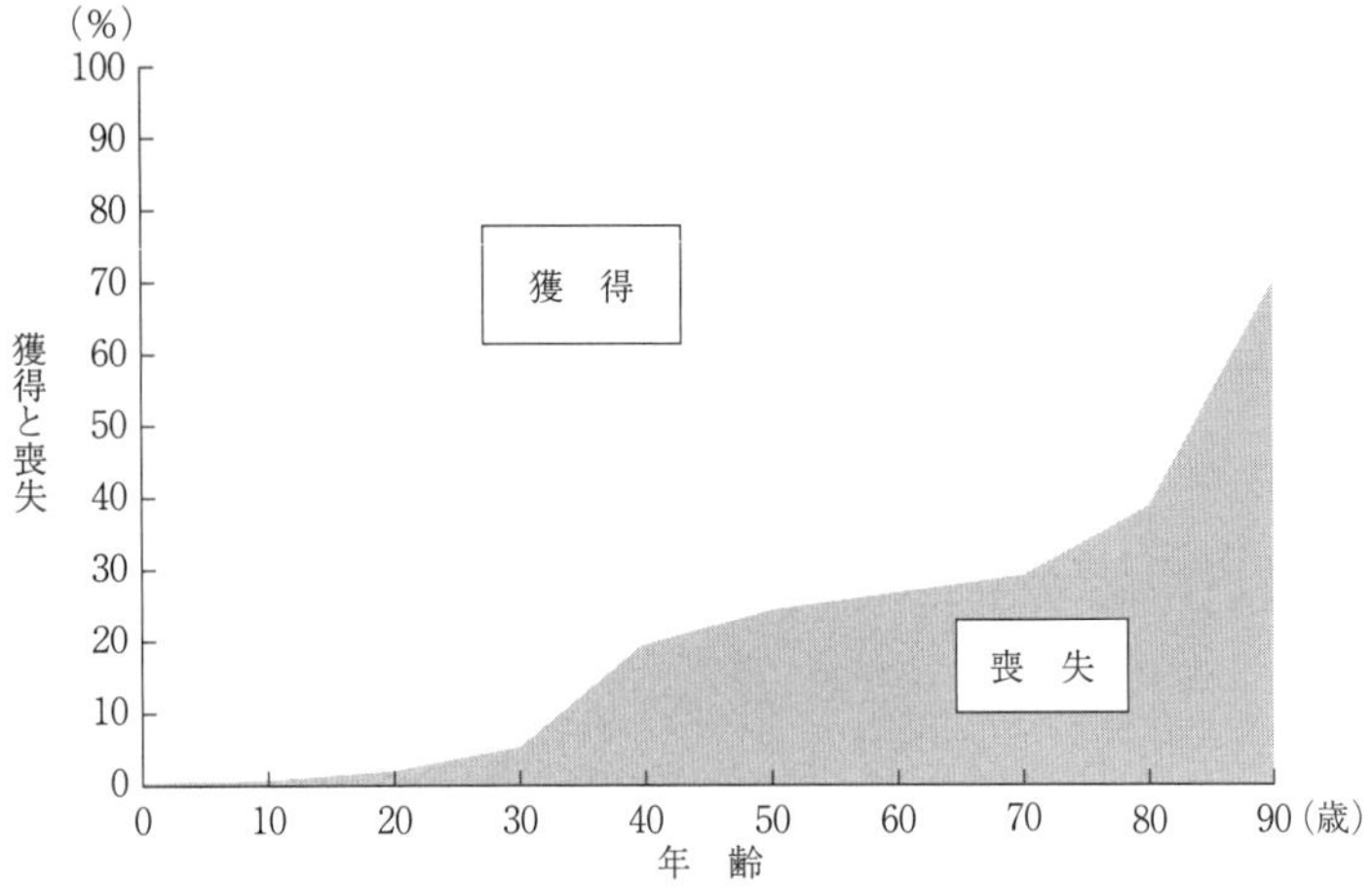

出所：Baltes & Baltes (1990: 18).

両者の比率は年齢に伴って変化するため、喪失の比率が高くなる高齢期には老化現象が目立つことになります。図7-1に、人の生涯における平均的な獲得と喪失の比率の変化を示しました。七〇歳以降は喪失の増加が顕著ですが、獲得も生涯にわたって続きます（Baltes & Baltes 1990）。

バルテスはまた、人の生涯に影響を与える一般的な要素として、年齢と時代に加えて個人的なライフイベントを挙げています（Baltes, Reese & Lipsitt 1980：佐藤 二〇〇九）。

年齢の影響である「標準年齢的影響」には生物的影響と社会的影響の二側面があります。生物的影響は、発達初期に遺伝的影響力が大きいのですが、高齢期には「死に向かうプログラム」に従うため再び影響力が強まります。社会的影響は、進学、経済的自立、結婚、職業的地位などの影響力

図 7-2　相対的な影響力の生涯変化

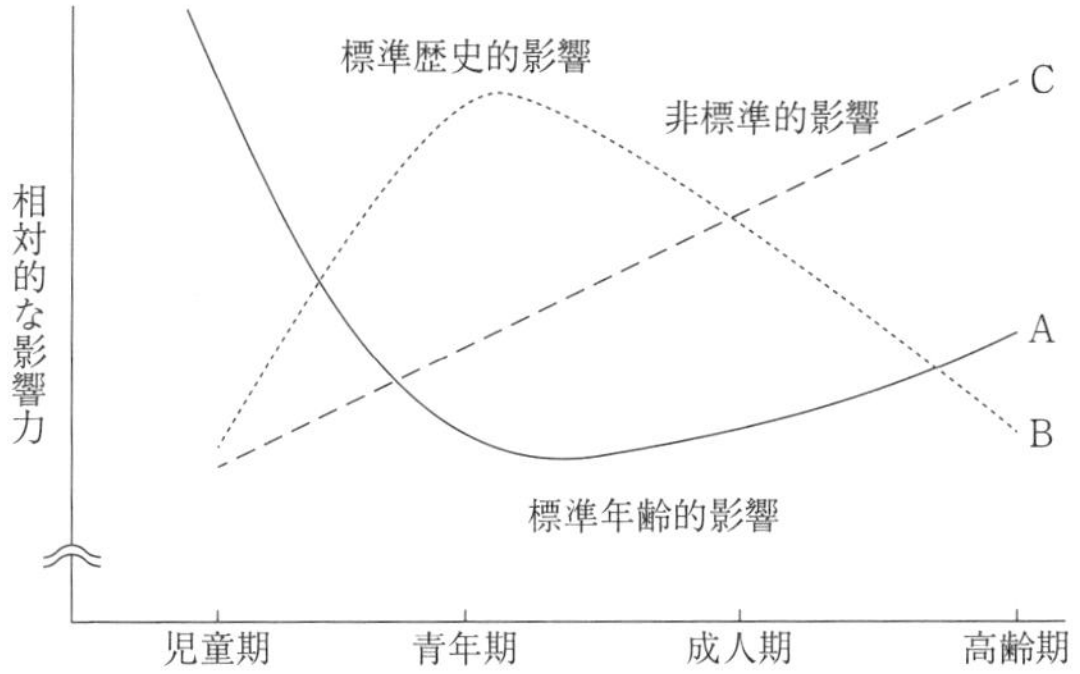

出所：Baltes, Reese & Lipsitt (1980: 77).

で、ライフイベントが含まれます。

どのような時代に生まれ、どのような時代を生きてゆくかによって、私たちの人生は大きな影響を受けます。第二次世界大戦を挟む時代に生まれ、高度経済成長期を生きてきた現代の高齢者と、バブル経済崩壊後の低成長期に生まれ、IT時代を生きている若者とでは、児童期や青年期の生活スタイルだけでなく、親子関係すら大きく異なっています。また、大規模な災害を経験した人は、そうでない人と全く違った生き方を選択せざるを得ないこともあります。こうした歴史的時間に関連する生物的・環境的影響を「標準歴史的影響」と呼びます。同じ歴史的体験をしても、その影響力は年代によって差があり、青年期が最大になります。

一方、個人的なライフイベントは、加齢に比例してその影響力が大きくなります。特に、大切な人の死や、大病、怪我、事故、入院などの悪いライフイベントを体験する頻度は、高齢期に多くなります。「非標準的影響」と呼ばれるライフイベントの影響によって高齢期の生き方は大きく変わってきます。そのような出来事にどのように立ち向かい、乗り越えるのかは、高齢期を迎える人々にとっての大きな課題です。図7-2に、この三つの影響力が人生の中でどのように変化するかを示しました。

3　ライフイベントと高齢期の危機

人生後半期で体験するライフイベントの中で特に重要なものを取り上げ、そこに潜む心理学的なからくりを吟味し、心構えと対処法を考えます（詳細は、佐藤〔二〇一五〕を参照のこと）。

(1)　定年退職と引退

サラリーマンの場合は、定年退職が老いを意識する最初の社会体験です。それ以前に老眼や体力の衰えから老いを感じることは多くの人々に共通しています。しかし、外的な圧力としての老いに向き合うのは、定年退職が最初かもしれません。自営業者などの方は、仕事からの引退は自らが決めることなので、別の課題が現われます。サラリーマンでも定年後に再就職をする人が増えていますが、いつかは仕事から引退することになります。職業からの引退は、幼い頃の憧れの職業についての意識から始まる「キャリア」とよばれる職業生活の最終局面です。

女性の場合は、家事役割が男性よりも大きな仕事になるので、男性ほど大きな影響力はありませんが、結婚している場合は、配偶者である夫の退職がさまざまな生活上の変化をもたらします。

①　空虚な時間を減らし、充実時間を増やす

中年のサラリーマンは定年退職を強く意識しつつ、その日が来るのを待ち受けています。新たな人生が始まると期待をふくらませている人がいる一方で、その後の人生をどのように生きていったらよいのかが、霧がかかったようにまさに五里霧中という人もたくさんいます。むしろ、そのような人が多くを占めているのかもしれません。悩み、苦しみ抜いた末にＮＰＯ法人大阪府高齢者大学校にたどり着いた人も少なくないと思います。

仕事は、生活に必要な収入を補償してくれるだけでなく、私たちに大きな喜びと充実感をもたらしてくれる「生きがいの素」です。仕事を通じて一緒に過ごす上司や部下、友人たちは、掛け替えのない「財産」です。

しかし、定年退職は、突然、そのような財産や生きがいの素から切り離されてしまうライフイベントです。かつて筆者の参加した調査（東京都老人総合研究所　一九九七）では、退職後の回答者の日々の過ごし方で圧倒的に多かったのが「ブラブラ、ゴロゴロしている」でした。調査から二〇年が経ち、その間に健康度は高まり、長寿化が進んだため、退職後の自由時間は当時とは比べものにならないくらい多くなりました。この大量の時間をどのように過ごすかは、当時よりも重要

な課題として私たちの前に立ち現れています。

退職すると、仕事という「充実時間」がなくなります。仕事は、嫌だとか束縛だと思う反面、喜びや達成感を与えてくれる充実時間でもあります。仕事ほど達成感の得られることはめったにありませんし、仕事ほど充実した時間もほかにありません。退職してからの日常生活では、仕事と同じように時間を充実させるのはとても難しいことなのです。そのため、退職後は何をやってもおもしろいと感じません。しかし、人は空虚な時間がずっと続くことに耐えられません。何とかして空虚な時間を減らし、充実時間を増やさなければなりません。

そのためには、意識して驚きに満ちたワンダフルな生活を心がけることです。「ワンダフル」は「素晴らしい」と訳されますが、驚き（ワンダー）に満ちている（フル）ことがワンダフルなのです。

人は、年齢を重ねると驚くことが少なくなります。子どもの頃や青年期は毎日が驚きの連続だったのに、いつの間にか驚きがなくなってしまいます。驚きは、新しい環境に身を置くと現れてきます。若い頃から興味があったのに、忙しいことを言い訳にして躊躇することが多かったこと。例えば、個人での海外旅行（ツアーではなく）や楽器の演奏などにチャレンジしてみるのはどうでしょう。初めの一歩を踏む出す勇気があれば、後は新たな驚きに身を任せてみましょう。新鮮な驚きに包まれることでしょう。

人生の記憶である自伝的記憶を調べると青年期の想い出ほど頻繁に回想されることが知られています（佐藤 二〇〇九）。初めて体験することは、その場面でどのように行動すればよいかがわからず、必死であれこれ試行錯誤するからです。心理学の用語で「スクリプト」と呼ばれる置かれた環境での振る舞い方の脚本がないからです。この脚本は自分で書かなければなりません。これが驚きの基となり、深く記憶に刻まれるのです。新たな充実時間は、したがって自分で脚本を書くことなのです。

このような体験から、人生の本義が見つかるのかもしれません。「本義」とは、人生の意味であり、自分が成し遂げるべき大事なことです。それが見つかり、実践することが人生を豊かにするポイントです。未来に向けた展望が開け、好奇心を持ち続けられれば、退職後の時間は大きな喜びをもたらしてくれるでしょう。

② 縮小する社会的生活圏に適応する

私たちは大きく分けて二つの生活圏、「家族的生活圏」と「社会的生活圏」の中で生きています。幼い頃は、家族的生活圏が現実世界のほとんどすべてを占めていますが、成長するにしたがって徐々に社会的生活圏が大きくなります。そして、仕事を引退し、高齢になるにしたがって、再び社会的生活圏が縮小していくのです。これは、単に行動範囲が狭くなるというだけでなく、経験の多様性も減り、自我も縮小していくことを意味します。

高齢になったとき、このような社会的生活圏の縮小、言い換えれば社会からの離脱をどうとらえるかについては、二つの考え方があります。一つは、「社会的離脱理論」と呼ばれるもので、加齢によって社会との関係が少なくなるのは避けられないことなので、社会的な活動から身を引いて、静かに暮らした方がよいという考え方です。もう一つは「活動理論」と呼ばれるもので、高齢になってもそれまでと同様に社会的な活動を維持した方がよいという考え方です。

社会的離脱か活動かは、生き方の問題でもありますが、その人の心身の状態の問題でもあります。また、社会的離脱といっても、何もしないで閉じこもってしまうということではありません。社会との関わりが大きな活動、例えば、地域のボランティアに積極的に参加するとか、趣味の会のリーダーになって仲間を統率するということから身を引いたとしても、活動の範囲を狭めて、家族や友人のために何かをしたり、一人でコツコツと何かを追求したりすることはできます。

一般的には、七〇代半ばくらいまでは活動性を維持する方向に、それ以降は、目に見える物理的な世界を狭めて精神世界を広げる方向に行くことで、老いにうまく適応できるのではないでしょうか。長寿になったことで、私たちは高齢期が飛躍的に長くなりました。そのため、高齢期は活動か離脱かという二者択一ではなく、活動性の高い時期を経て、最終的には社会的離脱に至るのです。

(2) 親の死・配偶者の死

① 親の死

六〇代になると、親は大体八〇歳を超えています。親は子に何かしてくれる存在だったのに、いつの間にかめっきり衰えて、この頃になると自分のことさえ満足にできないような状態です。

さまざまな症状が出たり病気になったりして、世話を受けるようになると、親は子に遠慮するようになり、あまりしゃべらなくなることもあります。子が小さい頃は、親が子にああしろ、こうしろと言い、子は親の言うことに従わざるを得ません。親の勢力が子の勢力よりも強いわけですが、親が老いると、親と子の勢力関係が逆転します。子の勢力が強いために、親は子の言うことに従わざるを得ないのですが、このことに気づいている人は案外少ないかもしれません。なぜならば、子はよかれと思って、いろいろなことを言ったりやったりしているからです。しかし、親は弱気になっていますから、本当は嫌なのに嫌だと言えないでいることがあるのです。

そんな親の気持ちを理解し、親の課題を自分の課題として共感性を持って考える。難しいことではありますが、そのような姿勢が老いた親とのつきあいには大切です。ただ、六〇歳を過ぎると、自分自身も若い頃と同じではありません。白髪になったり、老眼になったり、疲れが抜けなくなったり、腰痛になったりします。自分の老いが、親の老いを理解する手がかりになります。自分の老いを自覚することは、自分にとっては寂しいことですが、他方では親の老いを理解し、共感を持って親や親の世代の人たちを見ることを可能にします。老いを自覚することで、他者に優しくなれるのです。

親が終末期を迎えたとき、子どもがさまざまな判断を迫られることがあります。たとえば、口から食べられなくなったとき、胃瘻を造設するかどうか。呼吸困難に陥ったら、気管切開して人工呼吸器をつけるかどうか。腎不全の場合、人工透析をずっと続けるかどうか。心停止したら、心肺蘇生法を試みるかどうか、等々。意識がはっきりしていなかったり、認知症があったりして、親が自分で意思表示できないとき、医師は配偶者や子に決断を迫るのです。

私たちは一般的に、「八〇歳、九〇歳を超えるほど高齢になったら、本人としても体を切ってチューブを入れたりしたくないだろう」と思いがちです。親自身が、「回復する見込みもないのに、胃瘻を造って生きながらえても仕方がない。口から食べられなくなったら死にたい」ということもあります。しかし、それは本心でしょうか。

もしかしたら親は、本心では「胃瘻でも気管切開でもなんでもして、生きられるだけ生きたい」と思っているかもしれません。あるいは、「九〇歳を過ぎているんだから、もう充分に生きた。大往生だから静かに死なせてやりたい」と家族は思っても、本人は「もうちょっとで一〇〇歳だから、一〇〇歳までは生きたい」と思っているかもしれません。延命治療をどうするかは、非常に難しい問題なのです。

親が自分で判断できない場合、延命治療をどうするかは、そのとき医師と家族が話し合って決めるしかありません。終末期の状態は、病気の有無や治療法、栄養状態や意識のレベルなどによって、あるいはそこが病院なのか介護施設なのか自宅なのかによっても、一人ひとり異なります。その場にならなければ、何ともいえないのです。

ただ、どんな状態であっても、一つだけ共通していえることがあります。それは、判断する際に重要なのは、親への敬意だということです。

たとえば、胃瘻を造設するかどうかを決めるとき。病院によっては、胃瘻造設が入院の条件だというところもありますし、逆に施設では、胃瘻があると看られないというところもあります。一八〇度逆のことをいわれて、心が千々に乱れてしまうのですが、大切なのは「親の尊厳を、あなたがどう読み取るか」です。すなわち、親を「かけがえのない一個の人間と認め、敬意をもってその人生や死に思いを馳せる」ことで、自ずとどうするべきかがわかる、ということです。

結果は、人それぞれです。胃瘻を造設することにしても、しないことにしてもいいのです。それが敬意をもって親の生と死を見つめた結果、親の尊厳を読み取った結果であれば、親は幸せな終末期を送ることができるはずです。

いざ親が亡くなると、親戚や友人知人への連絡、お通夜や葬儀の準備、各種届け出など、葬儀社が手伝ってくれるとはいえ、一気に慌ただしくなります。しみじみと悲しくなるのは、初七日を終えてやっと一息ついた、そんなときかもしれません。

　親の死は、先に挙げたホームズとレイの「社会再適応尺度」によれば、六三点です。これは一九六〇年代のアメリカの研究ですから、現在の日本とは状況が違いますし、当然個人差もありますが、ある程度の参考にはなります。「拘留・刑務所入り」が同じ六三点だと聞けば、親の死がかなりのストレスだということがわかるでしょう。

　一昔前までは、「いつまでも亡くなった人のことを思っていてはいけない」といわれたものですが、実は、そうではないことが近年わかってきました。「コンティニューイング・ボンド（継続する絆）」と言いますが、絆は死によって断ち切られるのではなく、継続していくという考え方で、亡くなった人と健全な絆を持ち続けることによって悲しみから早く回復でき、残された人の未来展望がよくなるのです。

　たとえば、妻の父が亡くなったとき、筆者は形見分けでコートやジャケットをもらいました。そのコートやジャケットを着るたびに、「おしゃれな人だったなあ」とか、「これを来て外国に行ったと言っていたな」などと、懐かしく思い出します。そして、義父の人生に思いを馳せます。亡くなった人との絆を持ち続けるとは、その人が心の中に生き続けることなのです。

　心の中に親との絆を持ち続け、対話を続けることができれば、やがて自分と親との関係が再構成され、ネガティヴな思いはポジティヴな思いへと昇華されていきます。と同時に、亡くなった親をはじめとする〝見えない人たち〟が心の中に生き続けることで、人は孤独でなくなります。

実は、見えない人たちが心の中に生き続けることは、自分が九〇歳、一〇〇歳という高齢になったとき、とても重要な意味を持ちます。身体の自由がきかなくなったとき、最後に残るのは心の自由であり、話し相手は心の中に住む見えない人たちだからです。そしてまた、親の死を機会に、自分はどう生き、どう死にたいのかを、考え始めるとよいのではないでしょうか。自分の死生観を見つめることは、親の死を経験することで真に可能になるのかもしれません。

②　配偶者の死

配偶者の死は、ストレス度が最高点（一〇〇点）のライフイベントです。つまり、配偶者の死は心理的に最も苛酷な出来事とされているわけで、これをうまく乗り越えるのはとても大変です。

配偶者を亡くした悲しみは、文字どおり自分の半身を失ったような強い悲しみです。この悲しみは、抑えてしまってはいけません。悲しむことを怖れるあまり、悲しみに蓋をしてしまう人がいますが、このとき十分に悲しまないと、悲しみが未処理のままくすぶって、かえって長い間苦しむことになります。配偶者を失ったときは思い切り泣いて、十分に悲しむことが大事です。

ただし、悲しみにとらわれすぎてもいけません。配偶者を失くしたことにとらわれすぎると「病的悲嘆」、専門的には「複雑性悲嘆」と言いますが、これに陥って立ち直ることができなくなってしまいます。病的悲嘆とは、嘆き悲しむ気持ちが長期にわたって激しく続くことです。具体的には、亡くなった人のことが何年も頭から離れない、亡くなったという事実を受け入れられない、落ち込んだ気分から脱せないといった状態で、こうなると専門家の治療が必要です。

では、どうすれば病的悲嘆に陥らずに済むかといえば、死によって絆が断ち切られたと思わないことです。絆は続いていると思うこと、すなわち「コンティニューイング・ボンド」が重要です。これは親の死の際にも出てきましたが、配偶者の死という苛酷な状況では、特に大きな意味を持ちます。肉体は消滅しても、配偶者の想い出が自分の心の中に生き続けているという事実を、しっかりと認識すること。姿は見えなくても生きている、と感じることが大切です。

近頃は、仏壇のある家が少なくなりましたが、実は仏壇に向かって手を合わせたり、水やご飯を供えたりすることは、絆を持ち続けるのに役立ちます。仏壇がなければ写真でも形見の品でもよいのですが、それに向かって手を合わせるとき、私たちは無意識のうちに故人に語りかけます。「こちらはみんな元気だから、心配しないでね」とか、「孫が就職したよ」などと、心の中でつぶやいているのですが、こうすることで自然に絆を持てるのです。

私たち日本人は、「死んだら無になる」とか、「単なる物体になる」と思いがちですが、そう思うよりも、死んだら親や配偶者や友だちに会えると思う方が、気持ちは楽です。それは、特定の宗教に入るとか、特定の何かを信じるということではありません。自分の心の中に、「あの世」を持てばよいのです。

これは、亡くなった人に語りかけること、つまり絆を持ち続けることと同じです。遺影に向かって心の中で語りかけているとき、私たちの心の中にあの世があるといってもよいのです。たとえば、亡くなった夫や妻に水やご飯を供えながら、語りかけているとき。私たちは、配偶者だけでなく、思い出に残っているさまざまな人に向かって話しかけているはずです。そして、その人たちが「あの世でどうしているかな」などと思ったりしています。すなわち、心の中にあの世があるのです。

こうしたことは、私たちにとって、自分の死を受け入れる準備になっているのでしょう。亡くなった人との絆を保ち、心の中にあの世を持って話しかけることが、自分とあの世を近くしてくれる。親や配偶者と対話することで、自分の死が恐くなくなる。神様仏様と話すことで、自分の死を受け入れる準備が整う。そのようにして、老いていければ幸せではないでしょうか。死やあの世が身近になることは、決して悪いことではないのです。

（3）老いの自覚と覚悟

よく、「健康長寿」とか、「健康寿命」ということがいわれます。「健康長寿を目指しましょう」とか、「健康寿命を延ばしましょう」と、国や自治体がいうのですが、ここでいう〝健康〟とは、どのような意味なのでしょうか。

健康寿命の定義はいろいろあって、ＷＨＯ（世界保健機関）と厚生労働省とでも違うのですが、厚生労働省では「日常生活に制限のない期間」を健康寿命としています。それによれば、二〇一三年の日本人の健康寿命は男性が七一・一九歳、女性が七四・二一歳。平均寿命との差は、男性が約九年、女性が約一二年です。健康寿命が定義に沿って正確に測定されているかは議論のあるところですが、「健康で長生き」は誰もが望むところです。

しかし、〝健康〟といったときに私たちがイメージするのは、単に「病気や障害によって日常生活に制限がない」というだけでなく、「肉体的・精神的に健康で幸福な状態」ではないでしょうか。厚生労働省も一応、「客観性の強い、日常生活に制限のない期間」を主な指標に、「主観性の強い、自分が健康であると自覚している期間」を副指標にして、組み合わせて考えるとしてはいますが、〝幸福感〟が、そこからは抜け落ちているような気がします。医学的にはそれでいいのかもしれませんが、心理老年学的にはそこが問題なのです。

日常生活に制限がなくても、高齢になると年々心身が衰えていきます。「去年できたことが今年はできない」とか、「五年前にはこれくらいできたのに、今はこれしかできない」ということがあるわけです。医学的には、年相応ならば、それは〝健康〟です。けれども、本人には以前との違いが歴然とわかりますから、制限がない状態であっても、健康で幸福であるとはいい難いのです。

要するに、肉体的な機能だけを見れば健康長寿は実現可能かもしれませんが、心を持つ一人の人間として見たとき、健康長寿とは〝幻想〟に過ぎないのです。

さらに、厚生労働省の定義する「不健康な状態」、すなわち日常生活に制限のある状態であれば、本人が幸福でないかというと、そんなことはありません。日常生活に制限があっても、健康で幸せな状態だと感じることはできますし、実際にそのような人はたくさんいます。一例を挙げれば、足が悪くて歩行困難であっても、周囲からのケアがきちんとなされていて、ご飯がおいしく食べられて、楽しいことがあれば、「健康で幸せ」と感じることはできます。

心理老年学では、いつまでも身体的に健康であることを目指すのではなく、健康が衰えても幸せでいるにはどうすればいいか、健康が損なわれたとき、それをどうとらえてどう補償していくかが大事なのです。

4　高齢期の危機は心構えで乗り越える

私たちは誰しもより良い人生をまっとうしたいと思っています。将来に備えて貯金をしている人もいるでしょうし、介護が必要になったときに備えて、元気なときから介護付き有料老人ホームへの転居を考えている人もいるでしょう。こうした「物理的」備えはとても大事なことです。

しかし、喪失を獲得に替え、ライフイベント体験後の新たな人生を喜びあるものにするためには、「心理的」に備えることが不可欠です。突然起こる危機に上手に対処することは難しいことですが、起こるであろうライフイベントをあらかじめ想定し、考えを巡らせておけば、危機への対処はよりスムーズに運びます。

老いを迎える私たちは、危機的なライフイベントに立ち向かう勇気と心構えを持たなければなりません。そして、乗り越えた先に人生の豊かさと喜びが待っていることを先人たちが教えてくれます。こうした教えを「練習問題」として解いておくことで、高齢期の危機を軽やかに乗り越えていきたいものです。こうした心構えが有りさえすれば、老いは人生の最後に大きな宝物をもたらしてくれるものと確信しています。

参考文献

佐藤眞一（二〇〇九）「生涯発達とエイジング」『地域リハビリテーション』四(七)、三輪書店、五八一－五八四頁。

佐藤眞一（二〇一五）『後半生のこころの事典』CCCメディアハウス。

東京都老人総合研究所（一九九七）『中年からの老化予防・総合的長期追跡研究（TMIG-LISA）――5年間の中間報告』。

Baltes, P.B. & Baltes, M.M.（1990）“Psychological Perspectives on Successful Aging: The Model of Selective Optimization with Compensation” in Baltes, P.B. & Baltes, M.M.（eds.）*Successful Aging: Perspectives from the behavioral sciences*. Cambridge: Cambridge University Press, pp. 1–34.

Baltes, P.B., Reese, H.W. & Lipsitt, L.P. (1980) "Life-Span Developmental Psychology" *Annual Review of Psychology*, 31, pp. 65–110.

Goulet, L.R. & Baltes, P.B., (eds.) (1970) *Lifespan Developmental Psychology: Research and Theory*, Academic Press.

Holmes, T.H. & Rahe, R.H. (1967) "The Social Readjustment Rating Scale" *Journal of Psychosomatic Research*, 11, pp. 213–221.

（佐藤眞一）

コラム3　私と高大の出会い

私とＮＰＯ法人大阪府高齢者大学校（以下、高大）との出会いは、二〇一〇年にボランティア仲間の紹介で「笑いの創造科」に入学したことです。落語・漫才・川柳など、いろいろな笑いのエッセンスを学びました。翌年から「総合芸能研究科」「総合文化を身につける科」のアシスタントを経て、今、「笑いの創造科」のクラスディレクター（ＣＤ）として皆様に支えられ、心豊かに過ごしております。今まで多くの仲間との出会い、別れがありましたが、先日ある会合で、「昔、ビッグ・アイの文化祭で動物園（落語）を演じた方ですね」と声をかけられて、驚くやら、嬉しいやら……。

私はボランティアとしての「おはなし会」を始めて一〇年ですが、落語も加わり、芸？　の幅が広がりました。

高大で学んだことの多くは、趣味や知識の向上、また、ボランティア活動に生きています。

これからも新しい出会いを大切に、健康で楽しい日々を送りたいと願っています。

（「笑いの創造科」・水曜日・ＣＤ　高橋佐知子）

第8章　社会を支える高齢者へのサポート
――多様な福祉サービスが可能にする社会貢献のあり方

現在、高齢者の社会活動が社会的に推進されています。しかし、社会活動に参加できない高齢者もおり、社会活動がもたらす健康効果や生きがい等において、高齢者間の格差が生じています。本章では、三つのキーワードを通して社会参加が困難な高齢者が社会活動できるようにするための福祉的な支援方法を提案します。

1　高齢者の社会活動が福祉課題の解決につながる

高齢者には福祉サービスの対象者になりやすいという弱者としてのイメージがある一方、さまざまな分野で活躍する高齢者がいます。日本政府は少子化によって縮小している労働人口を踏まえて、高齢者による社会貢献は不可避であることを指摘しており、高齢者による社会貢献への期待は高まっています。特に、近年では介護を必要とする高齢者を支えてきた介護保険制度によって要介護認定を受けて介護サービスを利用する人たちが増え続けていて、サービスの提供、中でも在宅生活が継続できない要介護者へのケアが追いついていない状況です。そのため、介護サービス利用者の中で軽度者である要支援１・２の利用者への給付サービスを市町村の手掛ける事業へ移行することで、制度の支出増加を全体的に減らす方法をとりました。市町村はそれを受けて、要支援１・２の利用者へのサービスを独自に提供しなければいけないのですが、すべて負担することはできないため、地域のＮＰＯやボランティアにサービス提供を頼る市町村がほとんどです。そこで、定年退職したり子育てが終わった元気な中高年が、福祉サービスを支えるマンパワーとして注目されています。

ＮＰＯを対象に内閣府が行った調査で、高齢者に期待する知識や技能を尋ねたところ、事務局業務、ボランティア活動参加などの「事業に直接関連する知識、技術・技能」が最も多く、次いで「交渉、対外折衝能力」でした。ほかに、事務局スタッフとしては「団体全体の運営能力」「企画能力」「会計、経理に関する知識」「基礎的なパソコン操作能力」「法律、行政制度に関する知識」などが続きました（内閣府 二〇〇五：五‐六）。専門知識に加え、高齢者が持つ組織運営のノウハウ、実務能力に対する期待が窺えます。これは、国内だけではなく海外でも同様で、海外技術協力を通して、高齢者が途上国に行き、現地の環境整備に携わる活動を行い、途上国の社会や経済の発展に貢献している事例も多く報告されています。

ほかに、高齢者が蓄積してきた豊富な知識、経験、能力は、就労やボランティアだけではなく子育てや介護等の身近な分野にも必要とされています。最近では、主体的に育児に関わる男性「イクメン」に対して、「イクジイ」という主体的・積極的に育児に関わりたいと望む中高年の祖父を指した造語が流行っています。かつては仕事漬けで育児をしてこなかった中高年が、孫世代との関わりを持とうとすることで成人した子ども世代の養育をサポートしているそうです（ファザーリング・ジャパン 二〇一一）。

このように、社会が抱える福祉ニーズに高齢者のサポートが期待されていますが、これは高齢者に支えられる社会だけが利益を得るだけでなく、社会活動に関わる高齢者自身にも利益をもたらします。高齢期に社会と関わりを持つことが、健康づくり推進や生活の質の向上につながることがわかっています。これは国勢調査等からも窺えます。自主的なグループ活動に参加している高齢者を対象に活動全体を通じて参加してよかったことを聞いたところ、「新しい友人を得ることができた」（四八・八％）が最も多く、次いで「生活に充実感ができた」（四六・〇％）、「健康や体力に自信がついた」（四四・四％）の順でした（内閣府 二〇一五：三四－三五）。高齢者の社会参加は自らが社会における役割を見出すことにもつながり、自らの生きがいをもつこととともに健康づくりにも活かされています。

また、高齢者は社会との関わりを通して世代間、世代内の人々と交流を深めることで、世代間交流や相互扶助の意識を醸成できます。実際に、ボランティア活動に参加している高齢者にその理由を聞いてみると、「自分自身の生きがいのため」「いろいろな人と交流できるため」「自分の知識や経験を活かす機会が欲しかったため」などの回答が多くを占めました（内閣府編 二〇〇六：一四九）。社会活動を通して家族以外の人たちとも知り合うチャンスができ、高齢者個人のネットワークが広がることは、閉じこもりや社会的孤立の予防につながるので、近年、注目を浴びています。したがって、高齢者の社会活動は社会も高齢者も相互に利益を得て、円満な関係を築けるウィン-ウィンの関係をもたらす活動なのです。

2　高齢者の社会参加の不平等性がもたらす問題

前述したように、高齢者が社会活動に関わることは高齢者にとってとても良い利益をもたらします。そのため、現在の老年学研究の最大の課題の一つが「どうすれば、私たちは老いながらも可能な限り長期間、コミュニティ、社会、そして将来世代への貢献を継続できるか」です。この課題は日本だけではなく世界的にも、また、経済的、保健医療的、社会的などのさまざまな領域でも重要な課題となっています。

過去一世紀にわたって、平均寿命の世界平均が四〇～五〇年程度延びてきた結果、私たちは、老いや障害があっても、一生、社会参加し続けるためにはどうすれば良いのか、その解決策を見出すことは私たちがすべき次のチャレンジだと思います。

なぜこれが重要な課題かつチャレンジかと申しますと、この問題提起の裏にはとても深刻な理由が存在するからです。それは、社会参加が健康、生きがい、社会的包摂等にもたらす大きな効力が実証研究を通して認められているのにもかかわらず、現状は、社会参加・社会貢献への機会が不平等な事です。何らかのグループ活動に参加したことがある六〇歳以上の高齢者は六一％に上り、その割合は二〇年前と比べて一八・七ポイントも増加しています（内閣府 二〇一五：三五）。これは、日本におけるボランティア等の社会活動が全体的に減っている傾向にある中では、大変心強い結果です[1]。

にもかかわらず、二〇一五年に発表された四カ国の高齢者（ドイツ、アメリカ、スウェーデン、日本）を国際比較した調査では、ボランティアを含む社会活動に全く参加したことがない高齢者の割合は、日本が四七・六％で最も高いことが報告されています。それらの活動に参加したことがない理由として、日本では「時間的・精神的にゆとりがない」（二八・六％）、「健康上の理由、体力に自信がない」（二七・五％）が三割程度となっています（内閣府編 二〇一五：一二九－一三二）。他国では、「関心がない」や「ほかにやりたいことがある」を理由とすることから、自らの余暇を違う活動に費やしていることが想像されますが、日本の場合は「参加しない」のではなく心身ともに余裕がなく「参加できない」状況にあることが窺えます。

高齢期における社会活動への参加に不平等が生じていることは、健康格差という重要な社会問題につながると考えられます。健康格差とは、疾病、健康状態、死亡率などが集団によって異なる問題の事を指します。社会活動に関するこのような問題の多くは、個人に原因があるわけではなく、時代背景や制度、政策、プログラム等の社会システム全体によって形成される社会構造が原因となって生じていると言われています。社会活動への参加に高齢者間で不平等が生じていることを是正しないことは、人間として幸福な人生を営む権利を侵害していることになります。これは、社会として解決していくべき重要な問題です。

前述の四カ国の高齢者を比較した調査で、学歴別にボランティア活動に全く参加したことがない高齢者の割合を見ると、初等・前期中等教育修了者（五四・一％）と高等教育修了者（四四・八％）に差がありました。学歴は、社会活動への参加に必要な人的ネットワークの広さや社会にあるさまざまな情報へのアクセス能力、最近ではインターネットへの接続や情報を探し求める検索能力と関係していることがわかっています（大上 二〇一五：一七四-一七五）。

さらに、生活が経済的に「困っていない」「あまり困っていない」層（四四・六％）と「困っている」「少し困っている」層（六一・五％）では、ボランティア活動に全く参加したことがない高齢者の割合に一九・六ポイントの大きな差が出ました。老後に経済的な問題を抱えているため、ボランティア等の社会活動をする余裕がなくて仕事をしなければならない高齢者がいることが推測されます。

定年後も就労を続ける高齢者の大半が、「経済上の理由」(六〇・三%)を挙げています(内閣府編二〇〇六：一一九-一二〇)。社会構造に起因する階層格差は、社会活動への参加にも影響を及ぼし、病気のリスクを高め寿命にかかわる健康格差の溝をより深くしてしまいます。

筆者は高齢者が活動できるような支援方法の構築に向けて、社会政策・制度の変革が必要だと思います。同時に、現在の高齢者が求めているものは何か、その把握も必要かと思います。これらの課題を踏まえた上で、筆者は主に三つのキーワードを通して高齢者が社会活動を促進させる解決策を提案します。

3　高齢者の社会参加促進のための方策

(1)　生涯学習の役割

まず一つ目のキーワードとして、生涯学習が挙げられます。生涯学習とは、家庭教育や学校教育、社会教育、個人の自由学習など、人々が生涯にわたって取り組む学習のことを指します。近年では、生涯学習のコンセプトは変化しており、昔のように教育的な目的のためだけではなく、国民の福祉と労働力アップのために、そして、成人が雇用の機会を広げることを含めた国民の福祉の向上を目指した社会的目標を達成するため、すなわち貧困や社会的不平等を是正するための政府の政策的手段として世界的にとらえられています。これらの視点によって、近年では生涯学習が社会を強化するために必要な役割を担ってきています。

特に、生涯学習が高齢期に与える影響は最近の先行研究によってその価値が認められており、認知能力の維持やソーシャルネットワークの形成に影響を及ぼすことが示されています。したがって、生涯学習は経済的、社会的な効力を与える理想的なツールとして浮上してきました。

高齢者のための生涯学習の方法はフォーマルなものもあればインフォーマルなものもあります。フォーマルなものでは大学・短大等の学校が行う公開講座や国や自治体や公民館等が行う講座、そしてNPO法人大阪府高齢者大学校のように民間団体が行う講座もあります。インフォーマルなものでは、読書やインターネットを活用した自主学習や仲間を集めて開く勉強会や句会等のピア学習があります。最近の生涯学習は多様な形や目的があるため、高齢者世代の個別の成長や社会と関わる機会提供の一助となっています。その中でも、これからより重視されると考えられる役割としては、定年退職後のキャリアシフトのためのキャリア開発です。海外では、大学等の教育機関がその重要性を察知して、大学をベースにしたキャリア開発に特化した学習機会を提供するところもあるそうです。

そういう意味でも、高齢者の生涯学習への関心も高まっています。六〇歳以上が一年間に費やす生活行動の割合を見てみると、ボランティア活動と旅行・行楽は下がっていますが、学習・自己啓発・訓練、スポーツ、趣味・娯楽のポイントが上昇しています（総務省統計局 二〇一二）。過去一年間くらいの間に生涯学習を経験したことがある人は、六〇代でも七〇歳以上でも四割以上で、その内容は「趣味的なもの」が最も多くなっています（六〇代で二四・六％、七〇歳以上で二四・九％）（内閣府 二〇一六：三六-三八）。

生涯学習の機会の増加や高齢者世代の学びへの関心の高さからわかるように、学びを通して社会との関わりを持つスタイルが現在の高齢者に定着していると言えるでしょう。このようなスタイルが現在の高齢者に受け入れられているのであれば、このスタイルを基に高齢期の社会参加を増やしていく手段を考えていくことが解決策になると思います。実際に、若者に関する先行研究でも生涯学習、人々の協調活動を活発にすると言われているソーシャル・キャピタル（地域の絆やご近所の底力など）と社会参加には、強い因果関係があることが明確になりつつあります。若者の社会参加を促すために、欧米や日本の教育機関では地域課題について学ぶフィールドワークが組み込まれた授業やボランティア活動を単位化したサービスラーニングという教育モデルが流行しています。

このような学びに参加した学生たちは、自らの働きが地域に役立つ信念を養うことができたり、ボランティアや地域の社会活動に積極的に参加することにつながっていることも調査でわかっています。近年では、ある海外調査を基に、高齢者にも生涯学習と社会参加を合わせたプログラムを提供して評価を行ったところ、同じような結論に至ったことが報告されています（Wilson et al. 2012）。海外からの先行研究の結果を受けてかどうかはわかりませんが、日本政府も高齢者が生涯学習を通じて地域づくりに主体的に参画することを促進しています。

では、生涯学習と社会参加を合わせたプログラムはどのようなものなのでしょうか。アメリカ・メリーランド大学センターフォーエイジングがデザインした「レガシーリーダーシップ」というプログラムが参考になると思います。プログラム開発をするにあたり、事前にベビーブーマー世代（一九四六〜一九六四年生まれ）を対象に調査を行いました。対象者は、個人の成長と生涯学習の関係に興味を示し、明確に提示された目標に向けた計画的な社会活動への参加を求めていました。彼らの意見を基に、大学は以下の五つの目標を立てました。

① 五〇歳以上の大学教員等を巻き込み、安定したボランティアの人的資源の確保を大学関係者で行う。

② 五〇歳以上の大学関係者に地域のボランティア活動に関わってもらうことで、地域力を増進させて未解決なニーズを解消してもらう。

③　ボランティア全員に対して、活動を開始する前に生涯学習とサービスラーニングの機会を与えて、地域の特定課題やニーズについて学んでもらう。
④　ボランティア人員の確保が継続できる持続可能なインフラを構築する。
⑤　今と将来の五〇歳以上のボランティアのために、ボランティアの新しい役割と魅力的なアプローチを創出できるような組織能力をつけること。

レガシーリーダーシップでは、ボランティアたちは六〇～八〇時間かけてリーダーシップ、社会参加、チームワーク、ＮＰＯの運営、そしてボランティア先に関する政策や実践についての授業に参加します。また、ボランティア活動を始める前に地域団体の有償スタッフを相手に学んだスキルや知識を試す機会も与えられます。プログラム参加者である高齢者ボランティアたちは「レガシーリーダーズ」と呼ばれて、二〇〇〇～四五〇〇時間のボランティア活動を行います。現在、同じようなプログラムがアメリカだけなくヨーロッパでも行われています。

プログラムを評価した結果、レガシーリーダーズの多くは複数の社会活動に関わり、うち四五％は会社、政府、医療機関やＮＰＯ組織での有償フルタイムまたはパート労働をするきっかけを得たことが報告されています。

レガシーリーダーズのプログラムからわかることは、生涯学習をとおしてボランティアも専門的なスキルや知識を身に付ける必要がある、ということです。この点は、筆者が尊敬する聖路加国際病院理事長・名誉院長の日野原重明氏も著書に書かれていました（日野原 二〇〇二：一一七－一一九）。日野原氏は一〇〇歳を超えた今なお現役医師としてご活躍されていることで有名ですが、病院ボランティアのさきがけを創設した発案者としても知られています。日野原氏曰く、病院ボランティアは患者さんと同じように医療に関しては素人だという心安さを感じさせる存在なので、患者さんをリラックスさせる大切な存在だと主張されています。だからといって、病院ボランティアが提供するものがアマチュアなものではあってはならないとも主張されています。

筆者も日野原氏のご意見には同感です。熱い思いやほのぼのとした善意だけでは、ボランティアはつとまらないと思います。前述のレガシーリーダーズは、しっかりプロを育てることで、彼らのボランティア力が尊重されて有償を伴う仕事に就くチャンスにもつながっているのです。

（2）組織能力づくり

二つ目のキーワードは「組織能力」です。前節ではボランティアをする人の意識について書きましたが、ボランティアを募集する側の意識の確立も必要です。この点でも、日野原氏は同著において「ボランティアを募集する側にも、十分なボランティア精神の理解が必要であり、ボランティアを労働力として使うのではなく、ボランティアを育てていこう、というくらいの意識が望まれます」と述べられています（日野原 二〇〇二：一一八）。

レガシーリーダーシップの事例からわかるように、生涯学習のプログラム目標をしっかり高齢者のニーズに合致したものにすることはとても重要です。年齢階層別の地域活動・ボランティア活動への参加意欲に関する調査では、高齢になるほど参加意欲は高くなるのですが、必ずしも実際の活動に結びついていないのが現状です（内閣府 二〇一一：二二一-二四〇）。同じ調査では、六〇歳以上の四五％が、「特に参加したい活動はない」と考えていることも報告しています。すなわち、高齢者に合ったプログラム目標をしっかり設けていない組織が多いことが窺えます。

さらに、高齢者の社会参加を促すためのプログラムは目標設定だけではなく、プログラムの運営能力も考えなくてはいけません。欧米では、研究蓄積によって高齢者ボランティアの確保と維持におけるさまざまな組織能力の要因について指摘されています。例えば、F・G・カーロとS・A・バスは、組織能力の弱い団体は高齢者ボランティアの確保と維持に対して限界があり、特にマイノリティーと言われる白人以外の人種や低所得者層からのボランティア人員を確保することが難しいと報告しています（Caro & Bass 1997）。

筆者は調査をするにあたり、「組織能力とは何か」について欧米の先行研究と日本のボランティア組織へのインタビュー調査をもとに組織能力の構成要因を調べ、高齢者の生涯学習を運営している方たちを対象にしたアンケート調査を行いました(2)。そして、すでに行われているアメリカの研究結果と比較してみると面白いことがわかりました。

まず、日本の団体組織の現状について説明します。表8-1（一三六～一三七頁）には、組織能力の要因となる設問を七つの項目に分けて示しています。職務の明確化については、過半数が職務内容の詳細（八四・〇％）、行動規範（八三・八％）、そして守秘義務（七三・一％）が文書化されていると回答しました。アメリカは守秘義務の明確化（五三％）以外、日本と同じ結果でした。日本では二〇〇三年五月に成立した「個人情報保護法」のインパクトがとても強かったこともあって、プライバシーの考え方が先に発達していた先進国アメリカに比べて徹底されているようです。

ボランティアについて、組織について、そして団体が主催するイベントについての情報提供については、どの項目とも口頭による情報提供が最も多いようです（八四・二％、七三・七％、八〇・七％）。次にインターネット（六八・四％、三五・一％、八〇・七％）、ほかの組織・団体を通して（六四・九％、二四・六％、六八・四％）、と続きます。また、どの項目ともラジオ・テレビを通しての情報提供が最も少なかったです（二四・六％、三・五％、二一・一％）。アメリカでは、ボランティア募集の情報発信だけについて聞いていますが、同じように口頭（七三％）とインターネット（八二％）が最も多く、日本では少なかった新聞（四五・六％対八〇％）は、アメリカではよく使われているようです。ほかの組織・団体を通して情報提供するのは日本が六四・九％だったのに対してアメリカは四三％と少ないようです。そういう意味では、日本の方が横のつながりが強いことを表しているのでしょうか。

ボランティアのスキル開発については、前述の調査から、大半が管理・運営のトレーニング（八八・八％）とリーダーシップのトレーニング（七四・〇％）を行っていることがわかります。このことから、ボランティアのスキルや知識をトレーニングとしてしっかり提供していることが窺えます。これらについてはアメリカより日本の方が実施している割合が高いようです（管理・運営のトレーニング〔八八・八％対六九％〕とリーダーシップのトレーニング〔七四％対五三％〕）。また、約三割がコンピュータ・ITのトレーニングも提供していますが、ほかのトレーニングに比べたら日米ともにまだまだ低いようです。

「ボランティアの功績を讃える機会があるか」については、アメリカではRole Recognitionと言って、貢献度が高いボランティアを表彰したり、ねぎらいのパーティーなどを開いたりすることがあります。アメリカでは約九割がボランティアへ感謝の気持ちを表すのに対し、日本ではわずか約二五％です。日本の有識者にこの件について聞いたところ、日本の民間レベルでは、「表彰する」ことは日本人の心情に合わないのではないか、と言っていました。方法としては、日本はニュースレターを通した方法が最も多く（六八・二％）、アメリカではパーティーなどの特別企画が最も多かったです（八六％）。日本の調査では項目にありませんが、アメリカの項目には全米ボランティア週間、すなわち母の日のように国をあげてボランティアをする人たちに感謝する時

表 8-1　組織能力の各側面とその項目

側面と項目	回答率（%）				
職務の明確化					
職務の内容	ある　84.0				
行動規範	ある　83.8				
守秘義務	ある　73.1				
情報提供	ボランティアについて	組織について	イベントについて		
ラジオ・テレビ	24.6	3.5	21.1		
新聞	45.6	5.3	29.8		
郵便物	49.1	10.5	46.4		
インターネット	68.4	35.1	80.7		
ほかの組織・団体を通して	64.9	24.6	68.4		
口頭	84.2	73.7	80.7		
スキル開発					
管理・運営のトレーニング	ある　88.8				
リーダーシップのトレーニング	ある　74.0				
コンピュータ・ITのトレーニング	ある　29.5				
功績を讃える機会	ある　25.0				
ニュースレターを通して	ある　68.2				
メディアを通して	ある　31.8				
イベントを通して	ある　31.8				
特別なイベントを通して	ある　40.9				
ほか(口頭など)を通して	ある　18.2				
役割の柔軟性	非常に重要	かなり重要	多少重要	少しだけ重要	全く重要ではない
私が希望する活動が選択できること。	12(16.7)	38(52.8)	12(16.7)	5(6.9)	5(6.9)
私が好きな時間に活動できること。	11(15.1)	35(47.9)	11(15.1)	9(12.3)	7(9.6)
活動期間が特定の月または時間に限定されていること。	7(9.9)	21(29.6)	13(18.3)	10(14.1)	20(28.2)
私に合った職務・領域を担当できること。	13(17.8)	35(47.9)	15(20.5)	5(6.8)	5(6.8)

私の活動時間を毎週変えられること。	4(5.7)	13(18.6)	14(20.0)	18(25.7)	21(30.0)
私の活動にかかった実費は払い戻しされること。	7(9.6)	13(17.8)	19(26.0)	14(19.2)	20(27.4)
私の活動に対して報酬が多少もらえること。	2(2.7)	8(10.8)	17(23.0)	17(23.0)	30(40.5)
私の活動が所属団体から評価されること。	7(9.6)	24(32.9)	22(30.1)	6(8.2)	14(19.2)
私の健康状態によっていろいろと融通が利くこと。	12(16.7)	26(36.1)	22(30.6)	5(6.9)	7(9.7)
移動手段（例えば，バスや車での送迎）の手配があること。	1(1.4)	2(2.8)	12(16.9)	13(18.3)	43(60.6)
合理的配慮	対応できない	対応はかなり大変	対応は多少大変	対応できる	全く問題なく対応できる
困っていれば，物理的な環境を変える。	17(23.9)	25(35.2)	16(22.5)	12(16.9)	1(1.4)
困っていれば，違う場所で新たに活躍の場を与える。	19(26.0)	16(21.9)	16(21.9)	20(27.4)	2(2.7)
困っていれば，その人が持っていた役割や責務をほかの人と分担する。	8(11.0)	8(11.0)	13(17.8)	40(54.8)	4(5.5)
困っていれば，その人の活動遂行のために補助具などで便宜をはかる。	14(19.7)	6(8.5)	16(22.5)	31(43.7)	4(5.6)
困っていれば，その人の能力に合った責務に変更する。	11(15.3)	7(9.7)	21(29.2)	28(38.9)	5(6.9)
統合性	いつもある	ときどきある	全くない		
スタッフ会議への出席	67.7	32.3	0		
プレゼンテーション	51.6	38.7	9.7		
コミュニティーイベントへの出席	43.3	43.3	13.3		
決定プロセスへの参加	42.4	39.0	18.6		
ボランティアの管理	31.0	39.7	29.3		
質向上の評価	32.2	40.7	27.1		

出所：Chen(2015).

期があり、その時期をきっかけにボランティアへの感謝の気持ちを表す方法を約五割がとっています。

ボランティアの役割の柔軟性についてですが、ここでは、一〇の設問に対して重要度を五段階で評価してもらいました。役割の柔軟性については、自分に合った職務内容や活動日時を選べること、健康状態に対して融通が利くことが重要だとわかります。ボランティアに合った活動内容や日時を選択できることは、六割以上が「かなり重要」「非常に重要」だと答えています。活動にかかった実費が払い戻しされることについては、回答の約五割強が「多少重要」「かなり重要」「非常に重要」と答えています。健康状態によっていろいろと仕事内容等に融通が利くことについては、約五割強が「かなり重要」「非常に重要」と答えています。移動手段の手配についてはほかの項目と異なり、「全く重要ではない」が約六割です。したがって、移動手段の手配以外は、過半数がボランティアの役割の柔軟性を大事にして、組織として何らかの形でそれを提供できる体制づくりが重要だと報告しています。

ちなみに、表8-1では車での送迎など移動手段の手配に関しては、ボランティアの役割としてとらえられていないことも明らかになりました。表8-2にあるように、設問項目をさらにカテゴリー化してみると、日本では、移動手段の手配は貢献していると讃えてもらうような事と同一にとらえられていて、日頃の貢献に対する感謝を伝えるような特別な事として考えられている

表 8-2　組織能力をはかるカテゴリーの点数，アメリカとの比較

カテゴリー	日本 M(SD)	アメリカ M(SD)
職務の明確化（Role Specification） 【職務内容，行動規範，守秘義務等】	19.97(31.40)	63.73(31.35)
スキル開発（Skill Development） 【リーダーシップやグループ，IT・コンピュータ等のトレーニング】	32.75(30.68)	56.86(33.94)
役割の柔軟性（Role Flexibility） 【活動，時間，仕事内容の選択等】	35.81(22.93)	73.10(19.64)
活動費（Cash Compensation） 【立替に対する払い戻し，手当等】	65.88(26.89)	36.76(35.13)
合理的配慮（Accommodation） 【役割分担，補助用具の提供，責務の変更等】	53.53(26.46)	65.49(14.75)
統合性（Integration） 【スタッフミーティング，決定プロセスへの参加等ボランティアが日々の組織運営に関わること】	61.82(30.42)	63.66(12.95)
パフォーマンスの最適化（Performance Optimization） 【日本独自のカテゴリー：ボランティアへの評価，健康状態への配慮，移動手段の手配】	50.77(25.66)	なし
宣伝（Dissemination） 【ボランティアやスタッフの募集等の情報発信】	なし	74.02(31.61)
ボランティアの功績を讃える機会（Role Recognition） 【ボランティアの貢献を讃える特別な日を設けたり，団体機関誌に掲載等】	なし	76.47(28.51)

出所：表 8-1 と同じ。

ようです。さらに，同じカテゴリーには健康への配慮も入っていました。これについては，後で詳しく解析します。

実際にボランティア継続が難しい場合に何らかの柔軟な対応が可能かについては，難しい現実があるようです。アメリカに比べて，日本では「対応できない」ときっぱり答えた人が倍近くいます（二四～二六％対一四％）。例えば，物理的な環境を変えることに五割以上が「対応できない」「対応はかなり大変」と答えています。約五割弱が新たに活躍の場を設けることが「でき

ない」「かなり大変」とも答えています。しかし、役割や責務をほかの人と分担する等の人員配置のサポートについては、五割以上が「対応できる」「全く問題なく対応できる」と答えています。

最後の設問項目では、ボランティアが組織の日々の運営・管理に携わっているかについて聞いたところ、最も高い項目はスタッフ会議への出席（六七・七％）で、次にプレゼンテーション（五一・六％）、コミュニティーイベントへの出席（四三・三％）、決定プロセスへの参加（四二・四％）でした。日本と同じ項目においてアメリカの研究結果はコミュニティーイベントへの出席（「ときどきある」八四％）と決定プロセスへの参加（「ときどきある」五七％）が最も高いです。

さらに、現在の日本における団体の組織力はどこにプライオリティーを置いているのか、アメリカの研究結果と比較してみます。まず、表8-2にあるように、設問項目をカテゴリー化してみて、各国における組織力の要因を見たところ、日本では七つ、アメリカでは八つの要因で形成されていることがわかりました。今回の研究結果では、日本独自のカテゴリーが抽出されています。このカテゴリーには、ボランティアがさらに貢献度をあげるために特別な仕掛けが組織に設けられている点が含まれていることから、「パフォーマンスの最適化（Performance Optimization）」と呼んでいます。日本では、アメリカのようにボランティアの功績を讃えることでボランティアのモチベーションを上げないことが、先の研究からもわかりました。日本では、その代わりとしてボランティアに評価を通して良いフィードバックを出す、車の送迎を含む移動手段の支援、健康状態が悪くなったボランティアへの配慮をすることでボランティアとの関わりを維持、継続につなげているようです。前述しましたが、ある有識者が言ったように、もしかしたら日本人は表彰などをして讃え合うことを拒むのかもしれません。直接的に讃えることはしないで、移動の際に送迎することや良いフィードバックを出す等、間接的かつ予期せぬ手段を通してボランティアに似たようなメッセージを送ることが定着しているようです。

アメリカの団体は、宣伝（七四・〇二％）とボランティアの功績を讃える機会（七六・四七％）の優先順位が最も高いのに対して、日本の団体では重視されていないようです。日本では、活動費（六五・八八％）と統合性（六一・八二％）が組織内で、重視されていることがわかります。

まず、統合性に関しては、ボランティアの人たちはただ活動するだけではなく、組織の運営・管理をするにあたり重要な役割を担っていると考えていることが窺えます。これはアメリカ（六三・六六％）と同じくらいの評価を得ていることで、アメリカに負けないくらい日本の民間組織は民主的なプロセスを重んじていて、ボランティアをスタッフ会議に参加してもらったり地域の集いでボランティアに団体の「顔」として出席してもらったり、組織づくりに参加してもらっていることが窺えます。

次に、活動費については、アメリカ（三六・七六％）に比べて日本（六五・八八％）は高く評価し

図 8-1　被保護人員の変移

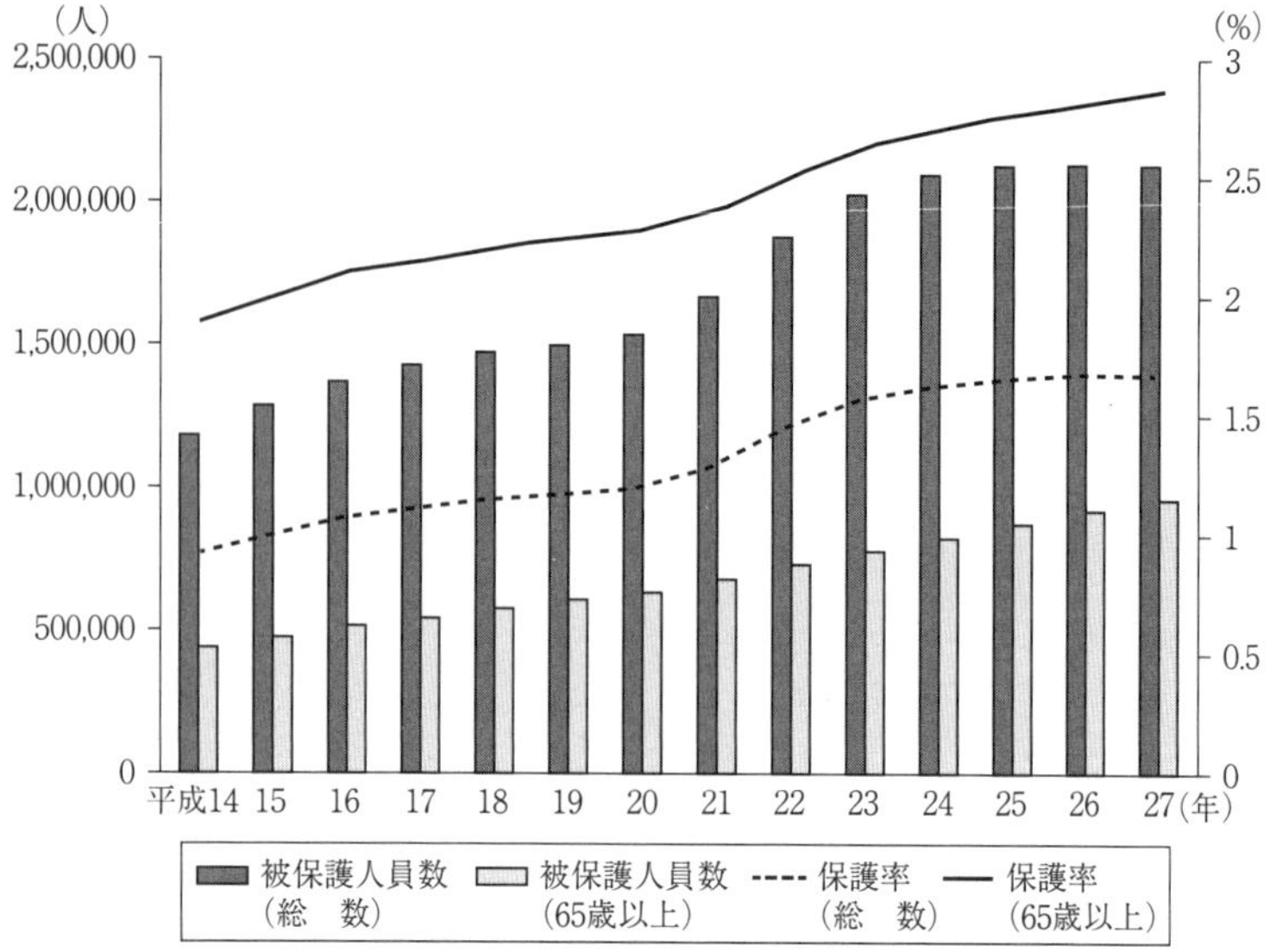

出所：総務省「人口推計」「国勢調査」，厚生労働省「被保護者全国一斉調査（基礎調査）」を基に筆者作成。

ています。アンケートに参加した団体では、ボランティアは無償で活動していまます。実際に、ほとんどの運営・管理者側も無償で活動しています。そういう意味では、ボランティアが活動するにあたって個人負担の出費を出さないような配慮をすることがボランティアの募集やボランティア活動の継続につながっていると、運営・管理者側は考えているようです。

これから高齢者になっていく世代のことを思うと、活動経費を出せる組織能力はもっと重要になってくると考えます。特に、高齢者の経済事情があまり芳しくない状況にあるからです。図8-1に示されているように、近年の生活保護を受けている高齢者の割合は増加傾向にあります。二〇一五年の高齢者の被保護人員数は九六万人で、前年度の九二万人を上回っています。また、約七割の高齢者世帯の総所得に占める公的年金の割合が八割にも達している中、果たして将来の年金額が減っていくのか、その不安も拭えません。多くの先行研究で書かれているように、高齢者がボランティアのような社会活動をするか否かは、高齢者の経済状況と密接に関わっていることがわかっています。やはり生活が不安定ですと、ボランティア等の社会活動をしない傾向があります。そういう意味でも、これからのボランティアは少しの金銭的な負担に対して敏感になるものと考えられます。

組織能力のどの形成要因を強化することで高齢者ボランティアを増やしていけるか、そして老いていくボランティアの活動をどう支援していけるか、これらの課題を考えていく上で研究を深めていく必要があります。そして、今までの考察を通してわかったことは、日本の文化等に合った組織能力を形成していく必要があることです。シニア世代のボランティア人員数、特に団塊の世代からの参加が伸び悩む中、彼らにとって魅力的な受け皿をつくっていく必要性があります。

(3) 有償ボランティア

最後の三つ目のキーワードが有償ボランティアです。ボランティアという言葉が日本でよく聞かれるようになったのは、一九九五年の阪神・淡路大震災後の内外から集まったボランティアたちの活躍後だと言われています。その後、一九九八年に特定非営利活動促進法が成立することによって、日本における第三セクターの構築が本格的に開始して、市民による慈善活動が制度化されていきました。二〇一五年六月の統計では、五万二六〇〇のＮＰＯ法人が登録されていて、全人口の二六・三％または約四三〇万人が何らかのボランティア活動に関わっているそうです。近年では、二〇一一年に起きた東日本大震災の被災者支援のため、被害が多かった東北三県における支援活動に約九二万六二〇〇人のボランティアが参加したことが報告されています。

ボランティアと聞くと、日本では個人が利益、賃金、出世を目的とせずに無償で行う活動と思われる方が多いかと思います。数は少ないですが、一九八〇年代あたりから「有償ボランティア」「有料ボランティア」は存在していました。海外における有償ボランティアは、活動経費を実費で支給されたり、理事や役員が謝礼金を受け取ったり、健康保険や損害保険の適用を受ける場合もあります。

有償ボランティアの存在は、ボランティアと有給労働の境を曖昧にしています。有償ボランティアの活動が法人課税の対象となる労働と見なされるかについての事例として、「流山裁判」という裁判がありました。結論から言いますと、東京高等裁判所は課税相当である「請負業」と解して課税は妥当だと判決を下しました。厚生労働省でも、有償ボランティアと称していても労働者として該当する場合があると考え、最低賃金以上を支払う必要があることも示唆しています

（厚生労働省 二〇〇四：一四―一五）。有償ボランティアの定義に関しては、いまだ税法上では、曖昧なままになっています。

　筆者は、有償ボランティアの定義は、現段階では曖昧のままで仕方がないと思います。実際、仕事に対する日本人の意識が変化していて、過渡期だと思います。NHK放送文化研究所が九回行った全国規模調査によると、一九七〇年代から一九九〇年代にかけて、「仕事志向」の人たちが減少しており、増加しているのが「仕事と余暇の両立」と「余暇」を重視する人々でした（NHK放送文化研究所 二〇一五：二九六）。仕事を生活の中心とするものからワークライフバランスを求めるものへと変化しています。そうは言っても、単純に自由時間を追求する人が増えているわけではないようで、趣味や勉強、社会活動をしたいようです（内閣府編 二〇〇七：一六二）。そういう意味では、これからの高齢者世代にとって、仕事と余暇が融合している有償ボランティアという活動も選択肢としてあってもよいかと思います。人や環境に尽くす活動をしながら報酬を得ることは、人によっては魅力的な働き方かと思います。高齢世帯の被保護率が増加傾向にあることを踏まえて、有償ボランティアが有給労働とは別に高齢者が謝礼や実費という名目で柔軟にお金が得られる手段になることを期待しています。

　アメリカでは、低所得者層の高齢者に対する経済的支援制度として高齢者の有償ボランティアによる支援があります。一例として、五五歳以上の中高年が、服役しているために親が家庭を不在にしている子どもたちのケアや勉強を見るボランティアをすることでスタイペンド（報酬）がもらえるフォスター・グランドペアレンツ（養祖父母）という制度があります。そのほかに、高齢者を対象に対人支援サービスを行うシニア・コンパニオンという制度もあります。これらはジョン・F・ケネディ大統領の時代に創設されたシニア・コアと言われる高齢者ボランティア制度の主要事業として位置づけられて、両プログラムを合わせると約五万七〇〇〇人のボランティアが携わっています。ボランティアは、週一五～四〇時間活動し、免税対象の時間給がもらえます。そのほかに、保険、食事、交通費も受け取ることができますし、高齢者はボランティアを通して人の役に立つ喜びと社会における役割が認められるので、高齢者の生きがいにも影響を与えます。

前項でも紹介した調査では、有償ボランティアに関する意見も聞いています。表8-3にあるように、アンケートに答えた団体の運営・管理者の人たちのうち有償ボランティアに興味を示したのは三割にも満たなかったのですが、「ボランティアは無償であるべきか」の問いに対しては、三九％が「全く思わない」と答えています。ボランティアへの考え方にも多少変化が見られているようです。

また、有償ボランティアが一般就労と比べて容易だと思った割合は「かなり思う」と「非常に思う」が四四％で、有給労働とは異なる働きだと考えている人がいることがわかります。今後、シニアボランティアを増やすために有償ボランティアが必要だと思う割合は、「かなり思う」と

表 8-3　有償ボランティア活動について

	非常に思う	かなり思う	多少思う	少しだけ思う	全く思わない
有償ボランティアはシニアの生活の足しになる方法の一つだと思う。	5(6.2)	18(22.2)	25(30.9)	19(23.5)	14(17.3)
シニアのボランティアを増やすためには今後，有償ボランティアが必要だと思う。	16(19.3)	20(24.1)	26(31.3)	14(16.9)	7(8.4)
シニアは，一般的な就労より有償ボランティアのほうが容易にできると思う。	14(17.1)	22(26.8)	22(26.8)	16(19.5)	8(9.8)
シニアのボランティアは無償であるべきだ。	3(3.7)	12(14.6)	15(18.3)	20(24.4)	32(39.0)
私は有償ボランティアに興味がある。	12(14.6)	12(14.6)	23(28.0)	13(15.9)	22(26.8)

出所：表 8-1 と同じ。

「非常に思う」と答えた人は四三％です。ボランティアを組織する側は、有償ボランティアの有用性を感じているようです。

しかし、有償ボランティアはシニアの生活の足しになる方法の一つだと思うかについては、二八％しか「かなり思う」と「非常に思う」と答えていません。ボランティア活動がアメリカのように所得保障の政策ツールとして考えられるまでに至っていないのが現状のようです。

ボランティアのような社会活動に参加するか否かは、高齢者の経済的な要因も関わっていることが先行研究でわかっています。一般的な就労は雇用条件に沿って行うのは、老いとともに困難になることがあります。高齢者が自分の知識や経験を活かし、社会のために役に立つ喜びを味わいながら必要とする報酬が得られて、社会との関係を終焉まで続けていくことは、高齢者だけではなく社会にとっても有用なことです。有償ボランティアには、そのようなことが実現できる可能性があると考えます。

4　新しい時代・新しい福祉

本章では、高齢者世代の社会参加をサポートすることによって、現代社会が抱える福祉課題が、今まで以上に解決する可能性が高まることを提案しました。このようなテーマについての今までの論文は、高齢者世代が社会活動をする意義について書かれているものが多かったのですが、近年は社会活動をしない高齢者、特に社会活動ができない高齢者の存在が高齢者世代の健康格差という社会正義に関わる重要な問題を浮き彫りにするというスタンスに基づく研究が増えています。もちろん、健康格差は、社会活動の有無だけにとどまらず、さまざまな社会的規定要因から生じていますので、この問題を解決するにあたっては多様なアプローチが必要であり、高齢者の社会活動を促すことは、いくつも考えられるアプローチの一つにしか過ぎません。しかし、高齢者の社会活動を促すことは、高齢者世代に良い影響をもたらすだけではなく、社会にとっても良い影響があるウィン-ウィンのアプローチです。

世界で類を見ない超高齢社会に突入した日本は、独自の福祉システムを構築する必要があります。これら超高齢社会における高齢者世代の社会的役割を創造していくことも含めて、これからの高齢者世代のニーズや問題に応えていくためには、今までの福祉制度を超える資源や方法を考えることが必要です。今まで政府と家族の二極に分かれていた日本の福祉の生産と供給の時代は終わり、これからは地域社会が福祉システムの主要要素になっていきます。本章で紹介した生涯学習、組織能力、そして有償ボランティアはどれも地域社会に関連しているキーワードです。つまり、高齢者が抱える社会参加の不平等性の解決は地域社会がポイントになると考えられます。生涯学習は、高齢期の再就職などの社会参加を促進する機能を強める方向に変化しなければいけません。地域における団体の組織能力は、マネジメントの視点だけではなく、ボランティアする側からの視点も必要です。特に、ボランティアは今まで若い人たちが中心にやっている活動として見られていましたが、近年では高齢者のボランティアも増えており、高齢者のボランティアが老いていきながらもボランティア活動を続けるための合理的配慮ができるか否かなど、高齢者のボランティアの立場に立つことができる組織能力が求められています。そして、今までボランティアはほぼ無償の活動だと考えられていましたが、今後、高齢者の経済的な立場などを考慮した有償ボランティアが増えることが望ましいと考えられます。すなわち、新しい時代には、新しい福祉が必要です。

注

（1）ＯＥＣＤ（経済協力開発機構）のデータによると二〇〇七年から二〇一二年までの期間にボランティアをした割合が減っていることが報告されている（ＯＥＣＤ 二〇一四：一四三）。

（2）調査は二〇一三年一一月八〜九日、大阪府で開かれた関西広域連合シニア大学校の「共同講義」に参加した高齢者大学の運営・管理に携わる一四五名（一六校）を対象に、配布調査法により実施した。調査票の配布は、「共同講義」を主催したＮＰＯ法人大阪府高齢者大学校のスタッフの協力を得た。有効回収数は九〇、有効回収率は六二％であった。調査参加者が生涯学習の運営・管理に関わった平均期間は約二三カ月、そしてこのような活動に費やす平均時間は一カ月約五九時間だった。調査実施上の倫理的配慮として、調査への協力は強制ではなく、協力できない場合でも不利益を生じることはない旨を文書により提示した。

参考文献

大上真一（二〇一五）『「第8回高齢者の生活と意識に関する国際比較調査　平成二七年度」からみた高齢者の社会参加・社会貢献――日本、アメリカ、ドイツ、スウェーデンの特徴について』内閣府。

ＮＨＫ放送文化研究所（二〇一五）『現代日本人の意識構造　第八版』ＮＨＫ出版。

厚生労働省（二〇〇四）「雇用創出企画会議第2次報告書――コミュニティ・ビジネスの多様な展開を通じた地域社会の再生に向けて」。

総務省統計局（二〇一二）「社会生活基本調査　平成二三年」。

内閣府（二〇〇五）「高齢者の社会参画に関する政策研究報告書」。

内閣府編（二〇〇六）『国民生活白書　平成一八年版』。

内閣府編（二〇〇七）『国民生活白書　平成一九年版』。

内閣府（二〇一一）「高齢者の経済生活に関する意識調査」。

内閣府（二〇一五）『高齢社会白書　平成二七年版』。
内閣府（二〇一六）『高齢社会白書　平成二七年版』。
内閣府編（二〇一五）「第8回高齢者の生活と意識に関する国際比較調査結果　平成27年度」。
日野原重明（二〇〇二）『生き方上手』ユーリーグ。
ファザーリング・ジャパン（二〇一一）「Fathering Japan」（http://fathering.jp/activities/magosodate, 2017.1.18）
Caro, F. G. & Bass, S. A.（1997）"Receptivity to volunteering in the immediate postretirement period." *Journal of Applied Gerontology* 16(4), pp. 427–442.
Chen, Li-Mei.（2015）*Measuring Institutional Capacity in Japan for Older Volunteers: Focusing on Colleges of Third Age*. Presented at the 68th Gerontological Society of America Annual Scientific Meeting, Orlando, Florida.
OECD（2014）"Helping others," in *Society at a Glance 2014: OECD Social Indicators*, OECD Publishing.
Wilson, L. B. & Simson, S. P.（eds.）（2012）Civic Engagement and the Baby Boomer Generation: Research, Policy, and Practice Perspectives, Routledge.

（陳　礼美）

コラム4　高大・なにわの宮会「元気な風ふかそう」

二〇一五年、ＮＰＯ法人大阪府高齢者大学校（以下、高大）内になにわの宮会ができました。理事長のもと八人でスタートした部です。組織の中には組み込まれていませんが、自由に活動できる小さな運動体です。

高大の受講生をはじめ、高大スタッフ、クラスディレクターなど、高大関係者全員と触れ合うこと・元気な風を吹かしてくことを目標にしています。

一例としては挨拶運動です。朝、登校される受講生を玄関前で迎え、「おはようございます」の声かけ運動をしています。初めは迷惑そうにされていた方々も、今では笑顔で元気に挨拶してくださいます。受講生だけでなく、他の人達も挨拶運動に参加されています。廊下やエレベーターの中でも、お早う　お疲れさまの声が、法円坂会館に響いています。

私達、高大・なにわの宮会は、これからも、一人ひとりの笑顔の輪を広げ、元気な風ふかしていく活動をしていきます。

（「高大・なにわの宮会・実行委員長」・木曜日・教務部長　西村恵子）

第9章　プロダクティブ・エイジングに向かって

本章では、社会心理学の観点から、高齢期の生き方について、社会からの期待と高齢者自身の意識の変化を紐解きながら、これからの高齢期の生き方についての提案を行います。具体的には、プロダクティブ・エイジングの可能性について考えていきます。

1　高齢期の役割——高齢者が変わる

日本国憲法の中に、三大義務といわれるものがあります。二六条の「教育の義務」、二七条の「勤労の義務」、三〇条の「納税の義務」です。「義務」とは、「自己の分限に応じてしなければならないこと、または、してはならないこと」（『広辞苑　第六版』）です。「義務」が法律で決められている限り、「義務」は私たちの生活を拘束するものであり、もし、「義務」に反した場合は、「社会的」な制裁を受けることになります。

図 9-1　今後行ってみたい活動（平成26年調査）

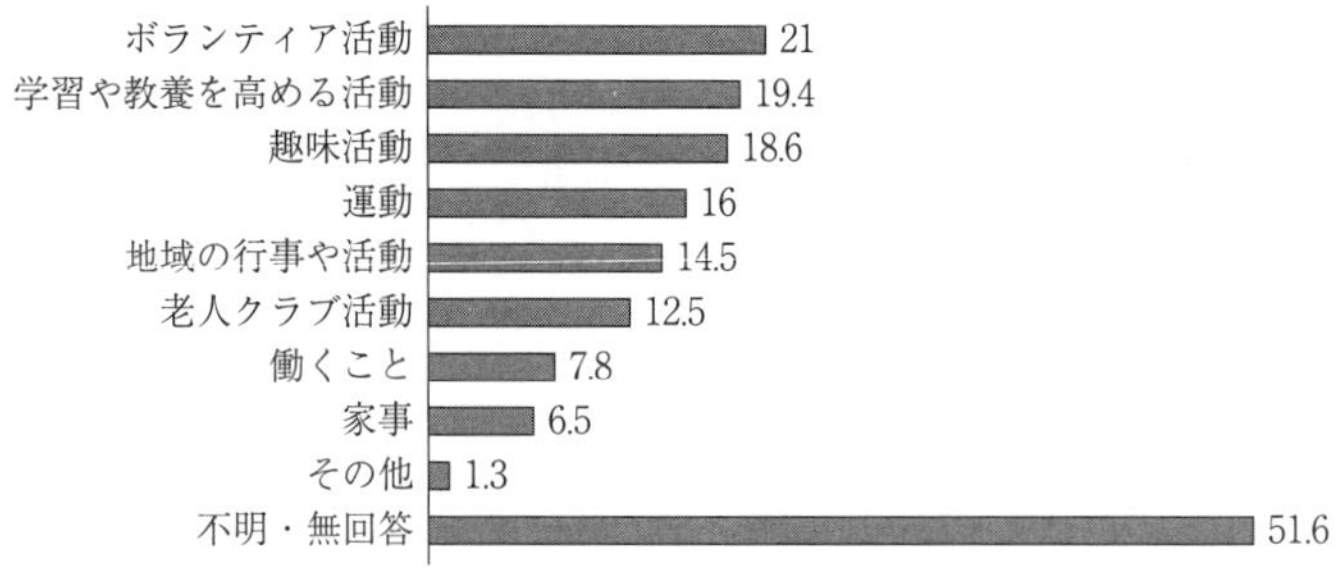

出所：「宝塚市高齢者福祉計画・第６期介護保険計画アンケート（一般高齢者調査）」2014年，８頁。

高齢期は、多くの人にとって「教育」と「労働」の義務を終えており、残っているのは、「納税の義務」だけです。「納税」をしないと、当然社会的制裁を受ける事になりますが、納税さえきちんとしておけば、高齢期は何をしていても社会的にとやかく言われる筋合いのものはなく（犯罪などはもっての他ですが）、どのような生活をするのか、原則的には、教育と労働の義務から解放され、各自、自由に選択できることになりますが、裏を返せば、何をしてよいかわからないということになります[1]。

図９-１は、宝塚市の一般高齢者（介護認定を受けていない人）に「今後行ってみたい活動」について尋ねた結果です。

図９-１は、「ボランティア活動」「学習や教養を高める活動」や「趣味活動」などが上位にありますが、最も多いのが「不明・無回答」であることを示しています。つまり、半数以上の人が、「今後行ってみたいこと」が決まってないと答えていることになります。

筆者は、高齢化率九・三%であった一九八一年に、「これからの高齢者の役割」というテーマで（『21世紀への老年学』ミネルヴァ書房）次のように書きました。「今日（一九八二）の高齢者の生き様は、これから老後を迎える人々の指針ともなるべきものであり、その責任は重大である。つまり、老後はまだ未開拓であり、多くの可能性を秘めている。老後を如何に切り開き実りある高齢化社会を築いていくのか、今、老年期を迎えている世代は、新しい開拓者として自分のためはもちろん、次に続く世代の為に生きる事が期待される」と。それから三五年経ちましたが、今もこの言葉は生きているように思います。いまだ、高齢期の生き方について明確な答えが出ておらず、暗中模索の状態で、考え方のパラダイムを変える事は一朝一夕にできないことがよくわかります。

アメリカの社会学者I・ロソー（一九八三）は、高齢期の社会的役割がはっきりしないのは「通過儀礼」がないこと、つまり、入学式によって学校生活が始まり、入社式で社会人としての生活が始まるように、学校や会社は始まりがはっきりしていますが、高齢期には、例えば、定年退職という卒業式はありますが、次の入学式がないのです。学校を終えて仕事に就くというプロセスは用意されていますが、仕事を終えた後は何をしなければならないのかはっきりしていないのは、日本でも同様だと言えます(2)。

一方、生涯発達心理学として高齢期までの発達に注目した人たちの中には、各発達段階に発達課題があると考えていた人たちとして、ハヴィガースト、ピアジェ、エリクソンらがいます。発達課題は「人間が健全で幸福な発達を遂げるために各発達段階で達成しておかなければならない課題」であり、「次の発達段階にスムーズに移行するために、それぞれの発達段階で習得しておくべき課題」として考えられていますので、発達課題はその発達時期に解決しておくべき社会的役割とも言えます。

「発達課題」について、E・Hエリクソン（一九七七）の八段階[3]に分けた課題が有名です。彼は六五歳以上を第八番目とし、「成熟期・老年期」と命名しています。この時期の発達課題は「統合性」であるとしています。「統合」とは、「人間の生涯を完結する重要な時期で、それまでの自分のライフワークや生活を総合的に評価し直すという営みを通して、自分の人生を受け入れて、肯定的に統合をしなければならない。統合性を獲得できれば、心理面の安定が得られ、人間的な円熟や平安の境地が達成される。しかし、この課題に失敗すると、後悔や挫折感を経験することが多くなり、絶望を感じる事になる」ということです。

エリクソンがこの考えを提案したのは一九七七年で、当時の日本の平均寿命は、男性約七二歳、女性約七七歳程度の頃です。二〇一五年現在の平均寿命は男性八一歳、女性八七歳ですから一〇歳以上伸びたのに対して、当時も今も高齢期を六五歳以上として、ひとくくりにして論じる事には無理があります（もっとも、日本では、六五歳から七四歳までを前期高齢者、七五歳からを後期高齢者として医療などの施策が展開されることがありますが。また日本老年学会などは、高齢者の定義を七五歳以上に見直す提言を発表しています（「読売新聞」二〇一七年一月六日付朝刊）。平均寿命から考えて、今日の六五～七四歳は、エリクソンの成年期（四〇～六四歳）に当てはまるのではないかと思われます。そして、現在の七五～八五歳はエリクソンの提案した「老年期・成熟期」（六五歳以上）の発達課題が当てはまりそうです。そして八五歳以上の発達課題は、エリクソンの死後、妻によってエリクソンが第九段階として考えていたとして発表された、「老年的超越」に対応できそうです。「老年的超越」についてては、L・トルンスタム（Tornstam 2005）が詳しく研究しています。彼は、超高齢期（八五歳以上）では大きな価値観や考え方の変化が現れる場合があること、その特徴として、社会と個人の関係が表面的なつながりよりも限られた人との深いつながりを大事にする傾向があることを明らかにしました。また、自己の領域において自らの意思や欲求を達成しようとする気持ちが薄れ他者を重要視するようになること、さらに、宇宙的領域において時間や空間に関するとらえ方が常識と異ってくるそうです。

従いまして、六五歳以上を高齢期として高齢期の役割はそれぞれの発達課題を解決することにあるとすれば、現代の六五～七四歳は「生殖＝生産性」、七五～八四歳は「自我の統合」、八五歳以上は「老年的超越」の課題を解決することにあると言えそうです。

では、高齢期は社会的な変遷の中でどのように位置づけられてきたのでしょうか。

社会が高齢者をどのように位置づけてきたかについて、その変遷を『厚生労働白書』から見てみましょう。

2　高齢者像の社会的変遷（一九七〇年以降）――社会が変わる

日本は、一九七〇年に高齢化率が七％を超えて「高齢化社会」と呼ばれる社会になりました。さらに、一九九四年に「高齢社会」（高齢化率一四％）になり、二〇〇七年に「超高齢社会」（高齢化率二一％）と呼ばれるように変わっています。

このように社会の呼び方が変わることで、高齢者の社会的位置づけ（期待）はどのように変遷しているのでしょうか。一九七〇年から二〇一六年までの『厚生労働白書』（二〇〇〇年までは『厚生白書』）を読み解きながら、四六年間に日本の高齢者の位置づけがどのように変遷してきたのか見てみたいと思います。

一九七〇年に、「高齢化社会」と呼ばれ始めたころは、高齢者が増えてきていること、そして、この傾向は今後続いていくと推測されていることは認識されつつも、「高齢者は無前提に保護しましょう」というスタンスが述べられています。

次に、「高齢社会」と呼ばれるようになりますと、高齢者の存在が社会に影響を与える医療・福祉等の領域が出始めて、高齢者を保護の対象としてのみ見ていていいのだろうかと、保護一辺倒に対する疑問が投げかけられはじめています。

さらに、「超高齢社会」になりますと、高齢者を保護すべき人とそうでない人を区別して対応すべきだ、という考え方に変わってきています。そして、保護のための、社会保障制度の改革が行われ、保護対象ではない人は自立に向けて、働ける社会の実現のために、労働者の募集・採用における年齢制限の禁止等が出され、高齢者への期待が大きく変わってきているのがわかります。

二〇一三年に、高齢化率が二五％になりました。すると、『厚生労働白書』の高齢者に関する記述は一気に変化します。つまり、日本の年金制度が「世代間扶養」で行われており、少子高齢化が進む中で若者の負担感が増えていることから「社会保障・税の一体改革」を行わなければならないこと等の必要性が指摘されるようになったのです。また、介護・医療費を節約するために、健康寿命の延伸に努めるべきであるというスローガン「スマートライフプロジェクト（運動・食生活・禁煙）」も出されています。

その後の、『厚生労働白書』は、「年金制度」「介護保険制度」「医療制度」等による高齢者への負担金の増大を食い止めるための「社会保障・税の一体改革」が切実であることを何ページにもわたって訴えています。

藤田（二〇〇七）は、高齢化率が二五％以上になり四人に一人が高齢者になると、「高齢者に対する考え方が変化するだろう」（社会のネーミングを変える必要がある）と述べていました。実際、二五％を超えた二〇一三年版の『厚生労働白書』のタイトルは「若者の意識を探る」でした。それまでのタイトルは、二〇〇七年版「医療構造改革の目指すもの」、二〇〇八年版「生涯を通じた自立と支え合い」、二〇〇九年版「暮らしと社会の安定に向けた自立支援」、二〇一〇年版「厚生労働省改革元年」、二〇一一年版「社会保障の検証と展望」、二〇一二年版「社会保障を考える」、と社会保障や社会福祉の事業内容関連が主でありました。二〇一三年のタイトルでは、年金制度は「世代間扶養」の形をとっているので、年金を受け取る側に焦点を当てるだけでなく、拠出している若者の意識にも配慮すべきであるという論調になっています。(4)

このようにして、一九七〇年の高齢化社会に突入した当初の「保護施策」という「支えられる」対象から四〇年余りの間に「自立」や「支える側」への期待へと変化が見られ、高齢化率が二五％を超えた二〇一三年ころから、明らかに高齢者に対する『厚生労働白書』の論調は変化しています。

従って、高齢化率二五％以上の社会は、二一％以上になったことで超高齢社会とネーミングされたように、「支える側」へという論調の新しいネーミングを必要とするように思えます。本章では、新しいネーミングを「Ultra Super Aging Society」（超・超高齢社会）と仮に付けて論じたいと思います。そして、「Ultra Super Aging Society」の高齢者には、「自立」「支える側」への期待が寄せられている、つまり、現代社会は、高齢者が社会から「あてにされている」「あてにせざるを得ない」時代が到来していることを意味していると言えます。

3　超・超高齢社会の高齢者

多数派を占めるようになった高齢者は、高齢化率の高さだけでなく、絶対数も多いだけに、身体的・精神的・社会的なそれぞれの面で個人差があり、また、これらを組み合わせるともっと個人差の幅も広がり、福祉・医療サービスが日常的に必要な人もいれば、現役で若者と変わらない生活ができる人もいて、ニーズも多様になってきています。

二〇一四年の厚生労働省のデータによりますと、要介護認定率（要支援を含む）は一九・三％ですので、残りの八割は少なくとも要介護認定を受けていないことがわかります（勿論、介護は必要であるにもかかわらず、認定を受けていない人もいますが）。実際、就業している男性・女性は、六五～六九歳で七二・七％・二九・八％、七〇～七四歳では三二・四％・一八・〇％、七五歳以上でも一六・一％・六・三％で、年齢とともに就業者は減少しますが、六五歳から六九歳の男性は七割が就労しています（『高齢社会白書　平成二七年版』）。

就労については、二〇〇七年に七〇歳まで定年を伸ばすような施策もとられていますので、その効果もあると思われます。また二〇〇七年から募集・採用における年齢制限の禁止が義務化さ

図 9-2　労働力人口の変化（2000～2014年・万人）

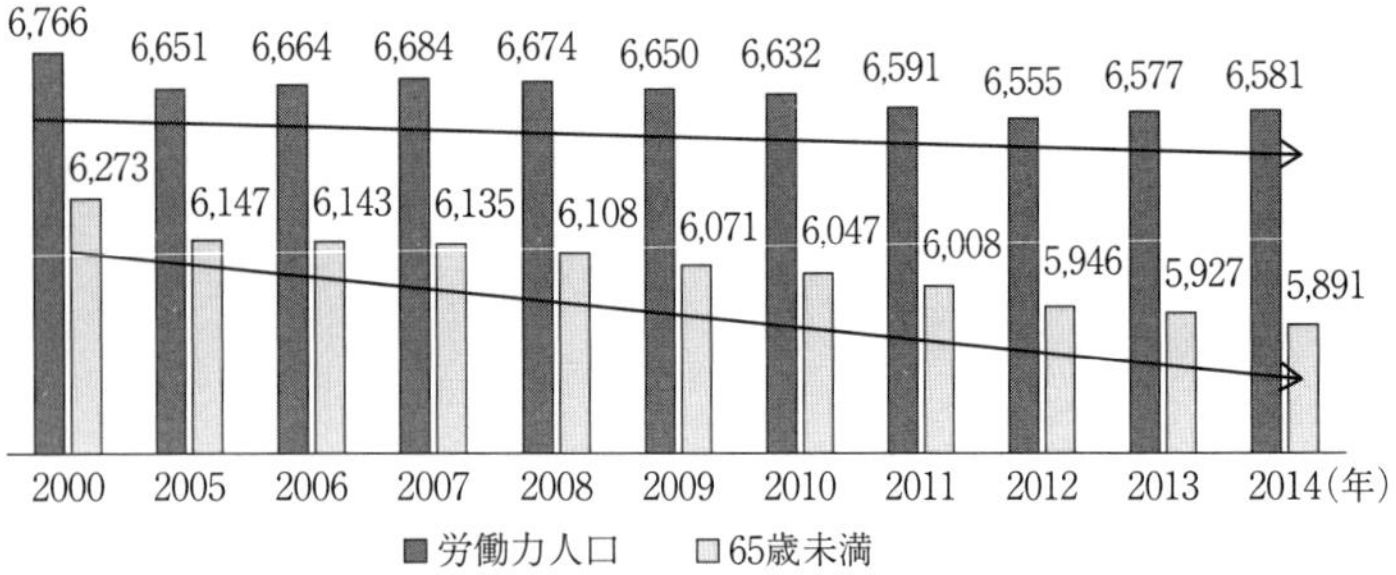

出所：『高齢社会白書　平成27年版』34頁の図 1-2-4-6～を基に筆者算出。

れ、雇用における高齢者差別が解除され、原則何歳でも応募できるようになってきましたので、社会も六五歳以上を労働者として受け入れる準備を整えつつあると言えるでしょう。

図9-2は二〇〇〇年から二〇一四年までの労働力人口の変化を、全労働力人口と六五歳未満の労働者人口の変化を対比して見たものです。二〇一四年の全労働者人口は、二〇〇〇年と比較して九七％で大きくは減少していませんが、六五歳未満は九四％と減少しています。この傾向は、ますます大きくなっていくことを考えますと、労働力人口を確保するためには、高齢者の意思とは別に、高齢者を労働力として社会が必要としてきているとも言えるでしょう。

六五歳以上を高齢者と呼ぶとしても、二〇一六年現在約三三〇〇万人ですが、彼らが、幼児や児童の個人差の幅より大きく、均一的な集団でないことは自明のことです。

筆者は、ある会合で、「高齢者の発達障害は、どのような状態ですか」と尋ねられたことがあります。確かに乳幼児や児童の発達は、ある枠内のほぼ限られた範囲の中で進んでいきますので、その枠内から外れていれば「発達障害」等として見られることになります。しかし、老化現象はもともと個人差がありますので、六〇歳で老け込んでいる人を見ても「少し早く衰えてこられたな」と感じるだけで、異常であると思いません。また、九〇歳で若者のように元気はつらつとしていても「元気だな」と思うだけで、なかなか老化されずに異常だとは思いません。そもそも、平均値が存在するかどうかわからないのです。

もっとも、人は年を取るとともに、生理的な面では、①進行性、②内在性、③普遍性、④有害性の四つの法則で老化現象が起き、最後には死を迎える事になります（第6章参照）。精神的には、①普遍的遅延仮説、②処理容量低下仮説、③抑制機能低下仮説、④前頭葉機能低下仮説[5]などの老化現象が起きてきます。

しかし、繰り返しになりますが、それらの現象の起こり方、時期、程度、速さなど千差万別です。従って、「超・超高齢社会」になって、高齢者も自立して、支える側への転換が期待されているとしても、全ての高齢者が期待に応えられるわけではありません。期待に応えたくても心身の健康の状態や応える場がない場合もあることを忘れてはならないことは言うまでもないことです。

4　超・超高齢社会の生き方の一つとしての〝プロダクティブ・エイジング〟

六五歳以上を高齢期としたとき、六五～七四歳までは、エリクソンの発達課題の「生殖性＝生産性」に対応すると述べましたが、R・N・バトラー（Butler 1985）は、「プロダクティブ・エイジング」という考え方を提案しており、エリクソンとバトラーは同じような考えです。この「プロダクティブ・エイジング」という考え方は、超・超高齢社会の中で社会が高齢者に求めている高齢者の生き方の一つとして、また、高齢者自身にとっても、充実した生き方になると考えられますので、ご紹介したいと思います。

バトラーは、二〇世紀の終わり頃、アメリカ社会の高齢者への態度が、「社会の依存者」「社会の重荷」と差別的な見方に満ち溢れていたことを嘆いて、「私（バトラー）は老いの問題を論じるのに依存・介護・社会的コストといったお決まりの課題から（もちろんこれらの問題の重要性はいささかも減じていないが）そろそろ新しい課題に歩みを進めてはどうか」ということで「プロダクティブ・エイジング」という概念を提案しました。「プロダクティブ・エイジング」は、高齢者の持っている能力・経験知などを、有償・無償を問わず、モノやサービスを生産することに貢献したり、それらを生産することとしています。「生産性」をもたらす資源を、社会に活用する（プロダ

表9-1　プロダクティブ・エイジングパラダイム

エイジズム的見解（これまでの見解）	プロダクティブ・エイジングの見解
ニヒリズム	希望に満ちた
衰　え	成長・発展
疾　病	健康・幸福
収容施設生活と依存	自治・自立・相互依存
変化に対する柔軟性のなさ	変化に対する適応
学ぶことができない	知的好奇心を活気づける
死に対する準備	毎日の生活を享楽
脆弱，消極的	エンパワーメント
生活の質（一元的）	生活の質が多面的
社会的撤退	社会的関与
コミュニティとの分離	コミュニティとの結びつき
チャレンジを拒絶し，避ける	チャレンジへの向き合い
ニーズ，不利な立場，機会の喪失	力強さ・能力・要求・機会
過去，過去にしていたことへのこだわり	将来，これから何ができるか
ミクロの環境	マクロの環境
「年齢相応」の行動	年齢にこだわらない行動
健康維持的現状把握	健康維持の能力向上
固定したライフスタイル	活動と積極的行動主義
受身的	与える，ボランティア活動，交流

出所：斉藤（2006：12)。

クティブな活動をする）こと、具体的には、有償の労働をすること、ボランティア活動を行うこと、介護や家事なども含むとしています。これらの活動を通して、高齢者自身の満足を高め、また、社会にも利益をもたらすという考え方ですので、超・超高齢社会にとっての社会の期待にも適合すると思われます。

また、L・W・ケイ（Kaye 2003）らは、「プロダクティブ・エイジング」という考え方を、それまでの高齢者を弱者として差別するエイジズム的な高齢者へのイメージを超えて、新しい考えに転換することを「プロダクティブ・エイジングパラダイムへの変換」

図 9-3　プロダクティブ･エイジングの概念モデル（バスとカーロのモデルの応用）

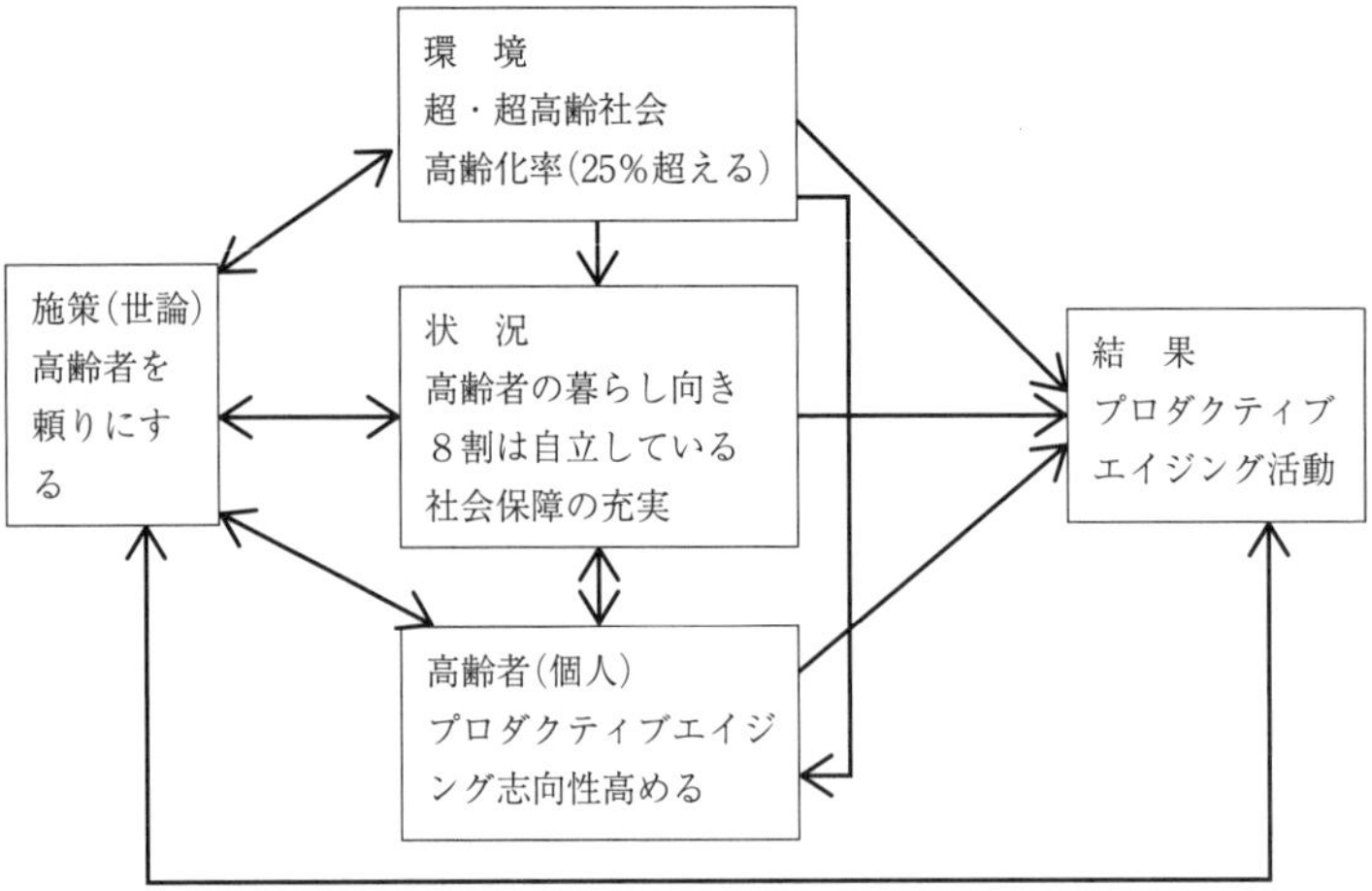

出所：Bass & Caro（2001）.

と呼んでいます。

表9-1は、斉藤（二〇〇六）によって紹介されているケイのプロダクティブ・エイジングパラダイムです。このパラダイムからわかりますように、高齢者は「人々の相対的な年齢や健康にかかわらず、時間を超えて、精神的教養的成熟・知的能力・まだ実践していない潜在的能力と絶え間ない向上心や高揚心を包含している」存在であると期待されているとみなされることに特徴があります。

このようなパラダイム転換は、四人に一人が六五歳以上である「超・超高齢社会」を迎え、高齢者の平均寿命が九〇歳に届こうとしている今日においては、高齢者自身にとっての発達課題としても社会にとっても重要な課題だと言えます。何よりも、高齢期を迎えることに夢と希望があります。

日本でも、一九九五年に施行された「高齢社会対策基本法」の中に、すでに、「高齢者」のとらえ方の意識改革について、高齢者の意欲や能力を最大限活かすためにも「支えが必要な人」という高齢者の固定観念を変え、意欲と能力のある六五歳以上の者には支える側に回ってもらうよう、国民の意識改革を図る」と述べられています。また、社会老年学の領域でも、エイジング＝年を取ること（加齢）を、ポジティブ・エイジング、アクティブ・エイジングなどポジティブ心理学の影響を受けた考え方での取り組みが見られます。

S・A・バスとF・G・カーロ（Bass & Caro 2001）は、プロダクティブ・エイジングの概念モデルを提案していますが、その概念モデルに現在の日本の状況にあてはめてみたのが図9-3です。

図9-3を端的に説明しますと、高齢者のプロダクティブな活動は、高齢者を取り巻く「環境」「状況」「高齢者（個人）」と「施策（世論）」の相互作用によって影響を受けるが、超・超高齢社会を迎えた日本においては、高齢者「個人」を除いて、すべての要素がプロダクティブエイジング活動を創出する条件が整っていると言えるのではないでしょうか。

5　プロダクティブ・エイジング志向性を高めるための高齢者大学での学び

筆者は、今日の高齢者の特に六五～七四歳までの前期高齢者と呼ばれる人たちの発達課題が

「生殖性＝生産性」と考えられるのではないかということ、そして、バトラーの「プロダクティブ・エイジング」という考えが、その発達課題を解決する一つの生き方ではないかと提案しました。しかし、現代の六五～七四歳の高齢者は、表9-1のいわば、エイジズム文化の中で生活してきた人たちです。

従って、高齢期を迎えた現代の高齢者が、「プロダクティブ・エイジング」への考え方にパラダイムを転換することはそう簡単な事ではありません。

しかし、幸いにも、ポジティブ心理学を提唱したM・セリグマンは、「ポジティブな考え方、楽観主義は後天的に学習できる」と述べています。従いまして、ポジティブ心理学の視点を持つ「プロダクティブ・エイジング」も学習によって取得可能であると考えられます。

先に、高齢期に入る通過儀礼がないことが高齢者の役割をわからなくしているとロソーが述べていることを紹介しましたが、通過儀礼としての入学式を執り行って（NPO法人大阪府高齢者大学校〔以下、高大〕では入学式は盛大に行われます）、新しい社会へいざなう「高齢者大学」（名称は様々（学習内容・時間・期間・運営主体など様々ですが）という高齢者のための学習機関があります。行政・NPO・カルチャーセンター等多様な形で開設されている高齢者講座について調査をしてみた結果（藤田 二〇一四）、共通していることは、「趣味・仲間づくり・社会貢献」の三つの目的を基本的な柱にしている事でした。

図 9-4　NPO 法人大阪府高齢者大学校 6 期生の入学動機・複数回答

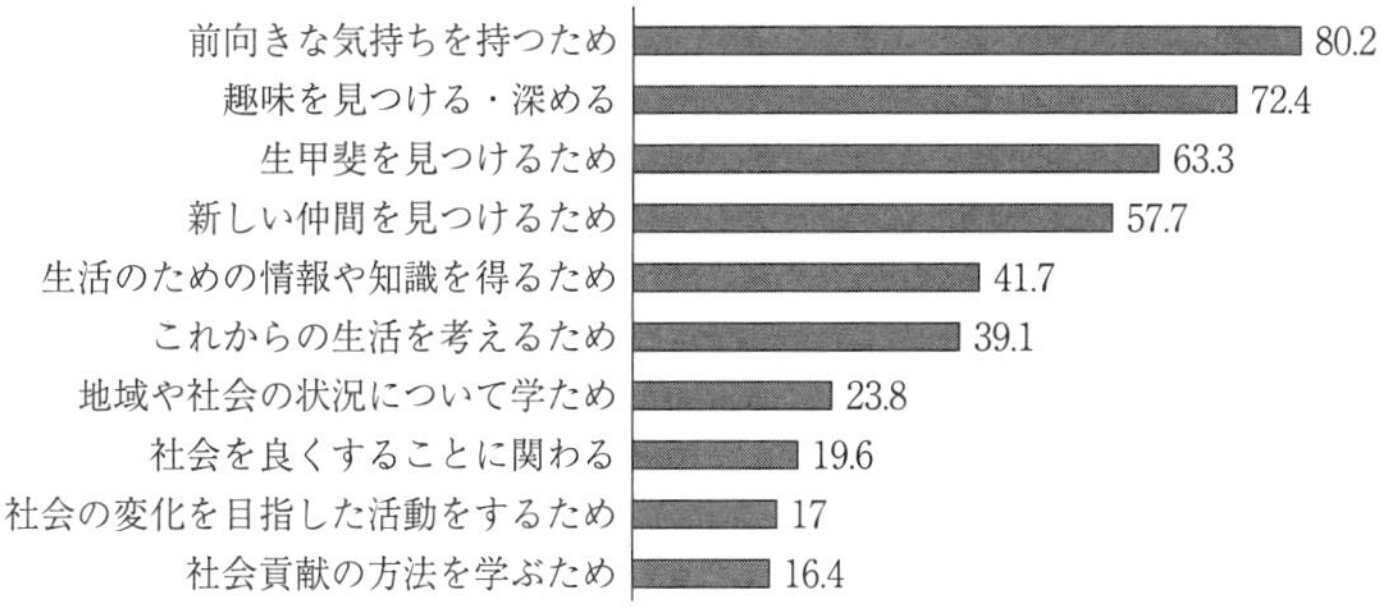

出所：藤田（2014）。

つまり、高齢者を対象とした講座の多くは、高齢期の生き方の方向性を「趣味を作って生きがいをもち、仲間との人間関係を深める事で孤立感を防ぎ、社会貢献活動を送ることで社会参加を行う」と考えていると言えるのではないでしょうか。

筆者は、高大受講生の入学時調査を一期生から定点調査を行ってきていますが、講座を受ける人たちの受講動機の大半は、「趣味」「仲間づくり」等で、この順位は一期生から七期生までほとんど変わりません。

高大の運営側は「趣味」「仲間づくり」の他に「社会貢献」や「地域貢献活動」等を目的として掲げているものの、二割にも満たない低さです。つまり、受講生のニーズは、もっぱら、自分の趣味や仲間づくりという自己充足に向いており現状充足志向的であり、プロダクティブ・エイジングの生き方の一つである社会貢献への関心が高い人は多くはありません。

図9-5　「プロダクティブ・エイジング志向性尺度」の枠組み

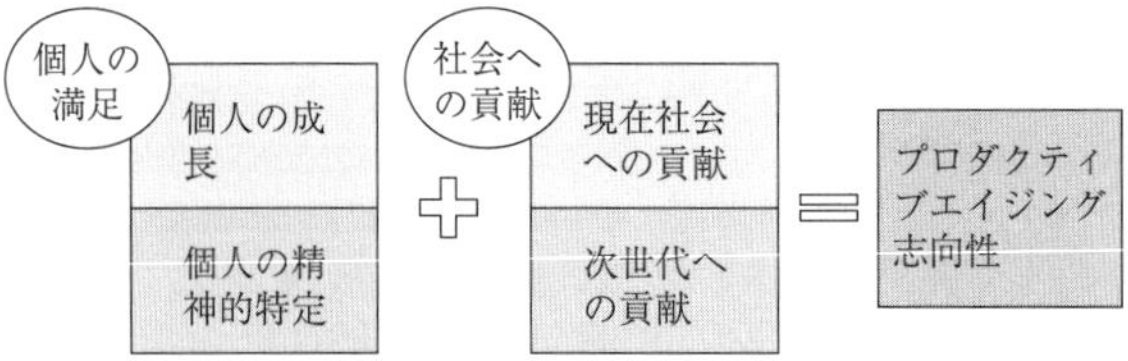

出所：藤田ら（2010）。

これからの「超・超高齢社会」を生き抜くためには、学んだ知識や経験を社会貢献や地域貢献に利用してもらうことが求められています。しかし、社会貢献活動への動機は高くない事、この動機を高め、修了後にさまざまな地域活動や社会貢献活動に取り組んでもらう人が多数を占めるようになるには、どのようにすれば良いのだろうかということが、多くの高齢者大学等での悩みの一つでもあります。

藤田ら（二〇一〇）は、プロダクティブ・エイジングという考え方の重要性について高齢者が学びの中で習得して、修了後は社会参加活動に積極的に取り組んでほしいという願いを持っているだけでは、受講生にその願いが通じるわけではないこと。そのために、どのような学習の方法・内容がなされなければならないのか、そもそも、現状ではどの程度プロダクティブ・エイジングという考え方が浸透しているのかを見極める必要があることから、プロダクティブ・エイジングという考え方の重要性についての認識を測定できる「プロダクティブ・エイジング志向性尺度」を開発しました。

本尺度は、個人の満足と社会貢献の二要因をバランスよく重要視しながら生活していくことへの志向性を測定することができます。そして、地域一般の高齢者を対象に調査を行い、標準得点によって類型化できるようになっています。

類型化は、青池（二〇〇七）によるC・ロジャースのイノベーション普及理論を適用して、「イノベーター（二・五％）」「アーリーアダプター（一三・五％）」「アーリーマジョリティ（三四％）」「レイトマジョリティ（三四％）」「ラガード（一六％）」と命名し、類型化のためのカットオフポイントを決めたものです。

図9-6　類型化の名称

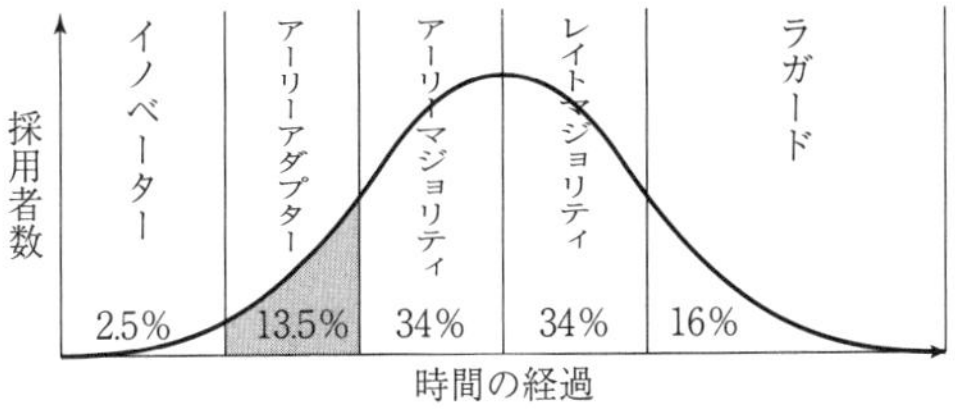

出所：青池（2007）。

イノベーター（革新者）とは、新しい生き方を進んで採用する人、アーリーアダプター（初期採用者）は、世の中の流れに敏感で情報収集を自ら行い判断する人、アーリーマジョリティ（前期追随者）は、比較的慎重ではあるが、平均より早く新しい生き方を取り入れるタイプ、レイトマジョリティ（後期追随者）は、比較的疑い深く、周囲の大多数が試しているのを見てから行動するタイプ、ラガード（遅滞者）は、最も保守的な人で社会の動きに対して関心が薄いタイプの人だと言えます。

尺度の信頼性・妥当性については、藤田ら（二〇一〇）に詳細に述べていますが、図9-6の左側から右側に移るにしたがってポジティブな気分、社会貢献活動は低下していきます。就労については関連がありませ

図 9-7　プロダクティブ・エイジング志向性により類型化

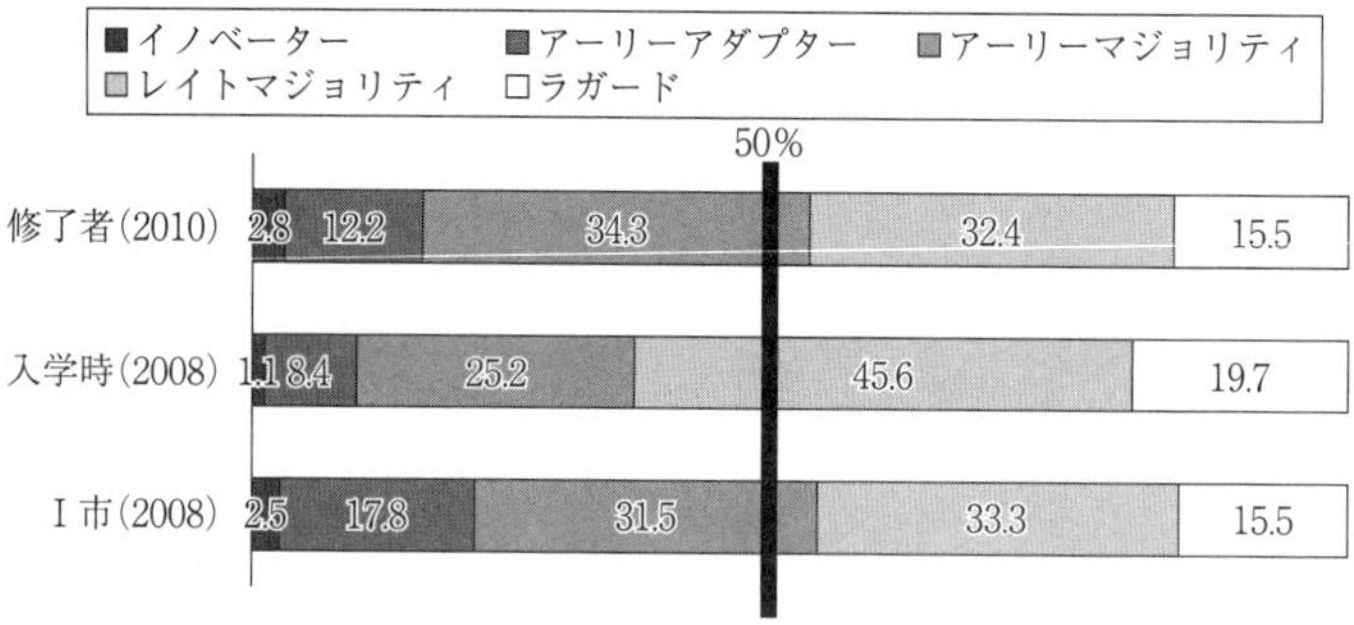

出所：藤田ら（2010）。

んでしたので、就労と社会貢献活動は異なった動機によって行われていると言えるようです。本尺度はあくまでプロダクティブ・エイジングの重要性についての認識について測定し、社会貢献活動を予測しようとするものですが、滅私奉公的な社会貢献でなく、自らの精神的安定をも支える社会貢献活動志向を測定することができます。

図9-7は標準化するために行った地域のサンプリング調査の結果、高大の入学時、高齢者大学修了者の調査のプロダクティブ・エイジング志向性の類型を比較したものです。

類型をみますと、高齢者大学に来る人たちは、レイトマジョリティとラガードを合わせると六五・三％で標準では四八・八％でその差一六・五％です。つまり、プロダクティブ・エイジング志向性は標準として算定した一般地域よりも低いことがわかります。しかし修了者調査では、地域とほとんど同じように四七・九％となり、前半のイノベーター、アーリーアダプター、アーリーマジョリティが増加しています。つまり、高大を受講するときは、プロダクティブ・エイジングについて地域一般の中で、その重要性を低く見る傾向にある人たちが集まっていますが、修了したあとでは地域と同じ程度に向上しており、現状の高大での学びの効果が出ていると推察できます。

ロジャースのイノベーター理論によりますと、レイトマジョリティとラガードを脱出することでイノベーターになる可能性が高まります。入学時には、それらの人が六五・三％でしたが、修了時には四七・九％まで下がり、「自らの精神的満足と社会貢献」の両方を大事にするという視点が高まって修了してから花開く傾向にあります。

高齢者大学の教育効果としてこれで十分だとは、運営する側からは納得することはできないかもしれませんが、二〇％近い人たちの意識を変革できたことは、カリキュラムの組み方、学習の方法などの工夫によって、さらに大きな効果を期待することもできると思われます。

6　プロダクティブ・エイジング志向性を創出する要因

高大（平均年齢は六七歳から六九歳、七五歳未満は九〇％）での定点調査を行う中で、現状の高大での学びが「プロダクティブ・エイジング志向性」を高める事に十分とはいえないまでも、効果を上げてきていることも実態として明らかになってきています。

図9-8　プロダクティブ・エイジング志向性関連要因

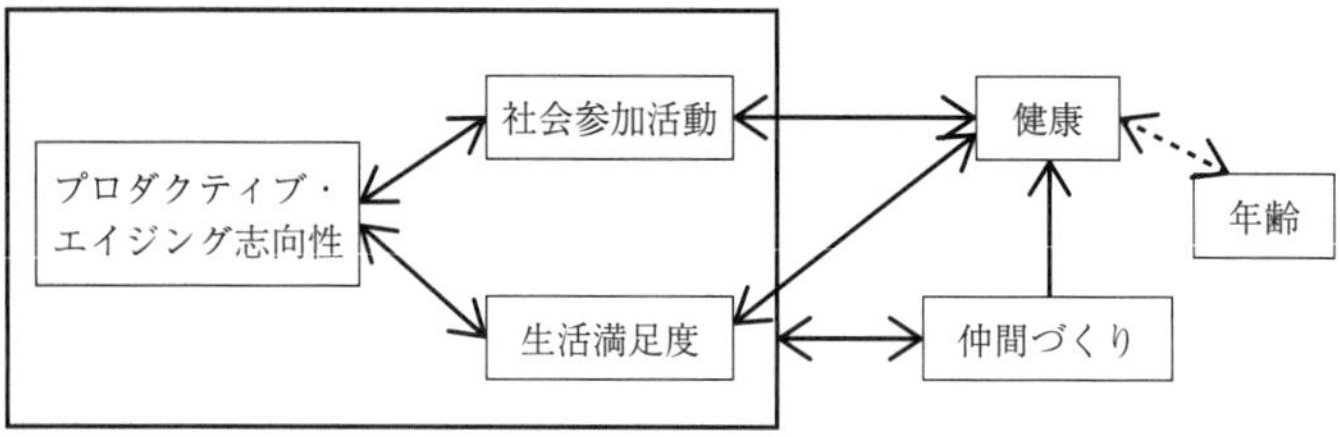

注：健康と年齢の間は負の関係，他は正の関係。
出所：藤田ら（2010）。

そこで、「プロダクティブ・エイジング志向性」に影響を与える変数について調査の中から有意な関係のあったものを拾い出してみると、図9-8のように示すことができました。

図9-8は調査結果のため、因果関係を明らかにすることはできませんが、「プロダクティブ・エイジング志向性」の高い人は、社会参加活動を多く行い、生活満足度も高いと言えます。一方、社会参加活動と生活満足度に影響するのは「健康」であり、健康は仲間づくりとの間にも関連がありました。

これらの関係をみると、「健康」は年齢が高くなるに従って悪くなっていくこと、そして「社会参加活動」「生活満足度」「仲間づくり」の「三本の矢」が「健康」と正の関係で結ばれていることから、プロダクティブ・エイジングは高齢期の中でも初期の比較的健康が保たれている七四歳までの前期高齢期に当てはまる考え方であるといえます。

受講生にとって大きな成果は「仲間づくり」です。L・F・バークマンは仲間を持つことは生存率まで高める事を明らかにしていま

図9-9 「プロダクティブ・エイジング」を目指す教育・学習の体系

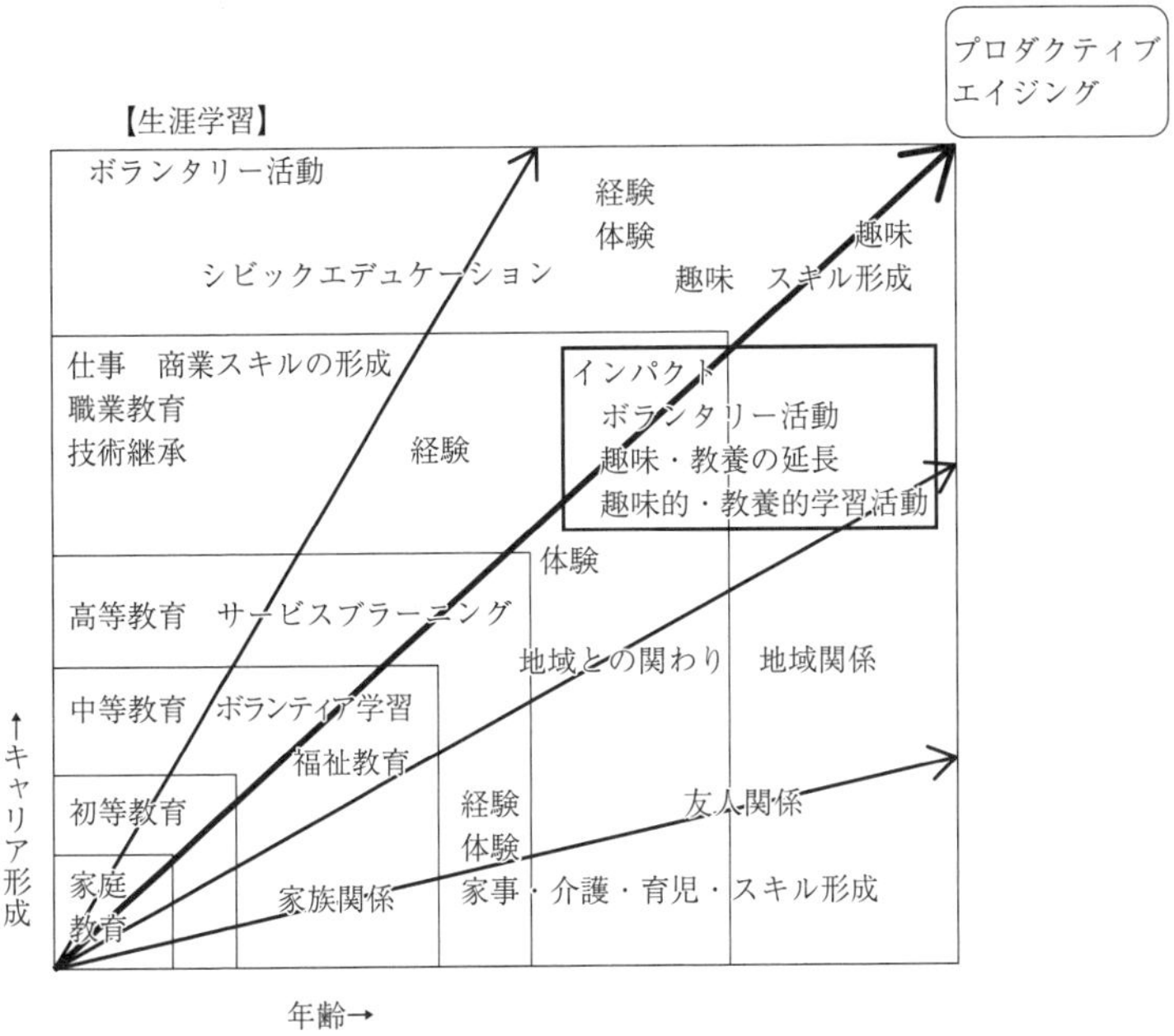

出所：斉藤（2006）を基に筆者修正。

すが、高齢者大学の「仲間」は健康増進にも関連しており、そのことがプロダクティブ・エイジングにも結び付いていく可能性があると言えましょう。

プロダクティブ・エイジングを志向していく考え方は、すでに、社会は高齢者を「あて」にしてきていきます。高齢者自身も学習機関や活動を通じて社会の要請に応え、自身の生活満足度を充足しつつあります。

しかし、まだまだ相互の関係は十分なものではありませんし、そう簡単に展開できるものではありません。このような考えが社会全体の中で大きなうねりになっていくことによって、はじめて、前期高齢者の役割として定着すると言えるでしょう。

斉藤（二〇〇六）は、そのためには、「もっとも基礎となるのは家庭教育」である。また、身近な地域における体験的な学習、学齢段階における学校教育、仕事における職業教育、技術訓練、地域・社会で自ら育む趣味的・教養的学習活動等を通じて「個々人の実体験が意識的・合目的的」に育まれる教育や体験の積み重ねがプロダクティブ・エイジングを方向づける」と述べています。図9-9の中で、四角で囲んだ部分が、高齢者大学校に期待されている分野だといえます。これからますます高齢化が進む日本において、プロダクティブ・エイジングの考え方と活動が家庭教育から徐々に生涯にわたる学習の結果として、展開されていくことができるような取り組みが必要な事であると言えます（図9-9参照）。

注

（1）フロム（一九四一）『自由からの逃走』東京創元社、が参考になる。
（2）「還暦（六〇歳）」のお祝いをする習慣はありますが、高齢期に入ったという意味ではなく、「長寿のお祝い」として行われている。また、現在の六〇歳はまだ働いている人が多い。
（3）「Ⅰ段階　乳児期（基本的信頼）」「Ⅱ段階　幼児期前期（自律性）」「Ⅲ段階　遊戯期（自主性）」「Ⅳ段階　学童期（勤勉性）」「Ⅴ段階　青年期（同一性）」「Ⅵ段階　前成人期（親密性）」「Ⅶ段階　成人期（生殖性）」「Ⅷ段階　老年期（統合）」。

（4）この論調を後押しするように、八代尚宏（二〇一六）『シルバー民主主義』（中央公論新社）という著書が出版されている。著者は、民主主義の一つの象徴である「最大多数の最大幸福」「多数決」の論理からすると、現代の政治が多数を占める高齢者対策に集中していて、他世代がないがしろにされているという主張をしている。

（5）①普遍的遅延仮説：神経システム内での処理スピードの全般的な低下のため反応時間が増加する。②処理容量低下仮説：注意資源の低下のため、複雑な課題は困難になる。③抑制機能低下仮説：抑制機能の低下によって指示された課題とは無関係な刺激に注意を向けてしまい、結果的に支持された課題に対する処理能力がおちる。④前頭葉機能低下仮説：大脳の進化で最後に獲得されたものが前頭葉である。最後に獲得されたものが最初に喪失する。

参考文献

青池愼一（二〇〇七）『イノベーション普及過程論』慶応義塾大学出版会。

エリクソン、E・H／仁科弥生訳（一九七七）『幼児期と社会』みすず書房。

大阪府立老人総合センター編（一九八一）『21世紀への老年学』ミネルヴァ書房。

厚生労働省（一九七〇-二〇一六）『厚生労働白書』（二〇〇〇年までは『厚生白書』）。

斉藤ゆか（二〇〇六）『ボランタリー活動とプロダクティブ・エイジング』ミネルヴァ書房。

藤田綾子（二〇〇七）『超高齢社会は高齢者が支える』大阪大学出版会。

藤田綾子ら（二〇一〇）「高齢者のプロダクティブエイジング志向性尺度の開発と応用に関する調査研究」『甲子園大学紀要』三八、一六三-一七一頁。

藤田綾子（二〇一一）「高齢者の高齢者による学習講座企画・運営に関するモデル構築のためのアクションリサーチ」『甲子園大学紀要』三九、一二一-一二八頁。

藤田綾子（二〇一三）「プロダクティブ・エイジング志向性形成にむけて」科学研究費（二〇一〇〜二〇一二）報告書。

藤田綾子（二〇一四）「高齢者を対象とした学習提供機関の運営に関する調査研究」『甲子園大学紀要』四〇、四九–五八頁。

ロソー、I／嵯峨座晴夫訳（一九八三）『高齢者の社会学』早稲田大学出版部。

Butler, R. N.／岡本祐三訳（一九八五）『プロダクティブエイジング』日本評論社。

Bass, S. A., Caro, F. G. (2001) *Productive Aging: A Conceptual Framework Productive Aging: Concepts and Challenges.*, Johns Hopkins University Press Greenwood Publishing Group.

Kaye, L. W., Butler, S. S., & Webster, N. M. (2003) "Toward a Productive Aging Paradigm for Geriatric Practice," *Aging International*, 28(2), pp. 200–213.

Tornstam, L. (2005) *Gerotranscendence: A developmental theory of positive aging*, New York: Springer Publishing Company.

（藤田綾子）

コラム5　高大の元気なシニア

法円坂の午後三時、にこやかに談笑しながら駅に向かう人たち。年齢はシニア世代だが、何と若々しくそしてはつらつとしているのだろうか。中には、ちょっと一杯と寄り道をするグループも。この坂は「高大坂」と呼ばれ気持ちの元気なシニアで溢れています。毎日繰り返されるこの風景の源流は、ＮＰＯ法人大阪府高齢者大学校（以下、高大）にあります。同じ興味を持ったテーマを学習し、休み時間にはワイワイと話し、クラスミーティングでは意見を交わし、遠足や社会見学で共に楽しみ、そんな時間の中で、今まで所属していた会社・家庭・地域とは違った交流が行われ、何十年ぶりかの学校に、まるで青春を謳歌するかのごとく、心も体もリフレッシュしはじめるようです。「高大坂」を修了した後は、高大の経験を活かして社会の中で自分の居場所を見つけて、老いを友だちに日々を充実させていく地平に帰っていくのでしょう。そんな高大生から多くを学ぶクラスディレクター（ＣＤ）をさせていただける事に感謝しています。

（「基礎美術科・金曜Ｃ」・金曜日・ＣＤ　長谷川くみこ）

第10章　高齢者による高齢者のためのＮＰＯ活動
――アメリカの事例から

筆者は、ＮＰＯのマネジメントを専門にしている関係から、ＮＰＯ法人大阪府高齢者大学校（以下、高大）の設立代表者の故長井美知夫さんがシニア自然大学の理事長だった頃に知り合い、高大設立後も講師や勉強会の委員として関わらせていただいています。本章に関しては、筆者が長年実践してきたアメリカにおけるＮＰＯの知識と経験をベースに、日本の高齢者問題に関心を持つ方々にＮＰＯやボランティアの視点から参考になることを願い、執筆しました。

1　一四・七八％と二六・三四％(1)

なんの数字かおわかりになるでしょうか。

二〇一五年における、アメリカと日本の六五歳以上の人口の割合です。

アメリカの二倍近い高齢化率に達している日本。少子高齢化が最大の社会課題の一つに挙げられるのも不思議ではありません。これに対してアメリカは、四半世紀前の日本の高齢化率にすぎず、危機感は少ないと思われるかもしれません。しかし、高齢化率が一ケタにすぎなかった一九六〇年代から、アメリカでは、高齢化が国家レベルの問題として対策が取られてきました。一九六五年に、高齢者などを対象にした医療保険制度のメディケアが成立したことや、ＯＡＡ（高齢アメリカ人法）が制定され、全米にＡＡＡ（地域高齢者局）が設置されるようになったことは、その象徴と言えます。

しかし、一九六〇年代に本格的に開始されたアメリカの高齢者に対する政策は、高齢者を医療や介護の対象としてみるだけではありませんでした。今日の日本でいえば、「元気シニア」に相当する人々をターゲットにして、ＮＰＯなどにおけるボランティア活動に積極的に関わらせていこうとする政策が打ち出され、そのためのＮＰＯが育成されたのです。連邦政府のＳＢＡ（小規模企業庁）が主導してスタートしたＳＣＯＲＥと呼ばれる、企業退職者による零細企業やＮＰＯ向けの経営セミナーやコンサルティングを提供するＮＰＯは、その一つです。また、低所得の高齢者などを中心に、ＮＰＯの現場や心身の弱った高齢者や支援が必要な子どもを対象にしたボランティア活動を行う連邦政府によるシニアコアも、同様に「元気シニア」活用策でした。

それから半世紀。アメリカでは、ＮＰＯの活動が飛躍的に拡大し、社会のさまざまな問題に取り組むようになっています。一九九八年に特定非営利活動促進法が導入された日本では、「ＮＰ

Oの先進国アメリカ」をモデルにして、政策やマネジメントのノウハウが導入されてきた面が強いです。しかし、後述するAARPに代表される一部の高齢者NPOが紹介されてきたことなどを除けば、「高齢者」がキーワードになることはほとんどありませんでした。

本章は、他章と同様NPOの活動にとって、高齢者が重要な役割を担いうるし、担うことが高齢者にとってもプラスになるという考えに立っています。その上で、アメリカで高齢者がNPOの現場でどの程度、どのように関わっているのか、また、高齢者への持続的な支援をNPOがどのように実施しているのかについて紹介することで、日本における高齢者のNPO活動への参加と、高齢者を支援するNPOの成長と発展の一助を提供できればと思っています。

2　アメリカの高齢化社会の現状

アメリカの社会政策の多くは、一〇年ごとに行われる人口統計調査のデータを基にして立案されています。高齢者政策も例外ではありません。一九六一年五月二四日、連邦上院の高齢者問題特別委員会は、「高齢者人口に関する新たな事実――一九六〇年」[2]という一九六〇年の人口統計調査の結果を分析した高齢者人口に関するレポートを発表しました。

このレポートは、アメリカにおける六五歳以上の高齢者人口が一九〇〇年には二〇人に一人であったものが、一九六〇年には一一人に一人と二倍近い割合になったことを指摘しています。一九五〇年代に限定すると、高齢者人口は三五％増加したのに対して、人口全体では一九％しか増えていません。また、長期的な人口予測によると、一九六〇年から二〇〇〇年までの四〇年間に高齢者人口は倍増することが見込まれる、と述べています。さらに、一九〇〇年には三七・四％の高齢者が労働市場に参入していましたが、一九六〇年には二〇％に低下しています。男性だけに限定すると、七〇％から三三・六％へと半減しました。一言でいえば、働かない、あるいは働けない高齢者が急増し、今後、さらに増えていくということです。

実際、一九六〇年には一六五五万人だった六五歳以上の高齢者は、その後の一〇年間に三〇〇〜五〇〇万人増加、二〇〇〇年には三四九九万人になりました。総人口に占める高齢者の割合も九・二％から一二・四％に増えました[3]。その後も、高齢者人口は増え続け、本章の第1節で指摘したように、二〇一五年には一五％目前になっています。では、こうした高齢者は、どのような状況にあるのでしょうか。

ＤＨＨＳ（連邦健康福祉省）のＡＣＬ（地域政策局）の資料[4]によると、六五歳以上の高齢者のうち、仕事をしているか、求職中の人々、いわゆる労働力人口は八八〇万人と、この年齢層の一八・九％にすぎません。男女別にみると、男性では二三・四％とほぼ四人に一人、女性では一五・三％と七人に一人です。このため、多くの高齢者は、仕事を通じてではなく、年金や貯蓄などで生活しています。実際、六五歳以上の高齢者の収入の多くは社会保障年金で、収入の九〇％以上が社会保障年金という高齢者は三五％に及びます。なお、夫婦がいる世帯ではこの割合が二一％ですが、単身世帯の場合は四六％と極めて高いのが現状です。

高齢者の世帯の年間中位所得をみると、最上位の七万五〇〇〇ドル以上が三五％と最も多く、次いで五万ドル以上七万五〇〇〇ドル未満が一九％と続き、比較的裕福または中間層が多いことがわかります。しかし、連邦政府が規定する貧困ライン以下の生活を強いられている高齢者は、四五〇万人（一〇％）にのぼります。また、貧困ラインの一二五％の収入で暮らす「半貧困状態」の高齢者も、二四〇万人（五・四％）です。また、男女間に大きな格差があります。男性の場合、中位年収が三万一一六九ドルであるのに対して、女性は一万七三七五ドルと、男性の五五％程度にすぎません。ヒスパニック系の単身高齢女性の場合、貧困ライン以下の人が三五・六％と三人に一人を超える状態になっています。

戦後の高学歴化の流れの中で、高齢者の教育水準は大きく向上しました。一九七〇年には、高卒以上の学歴を持つ高齢者は二八％、人種別でみると、白人で三〇％、黒人では九％にすぎませんでした。しかし、二〇一五年になると、この割合は八四％に増加。また、大卒以上の学歴を持つ高齢者も二七％と、四人に一人を超えています。

ところで、六五歳の高齢者の余命年数は、一九・三年です。男女別にみると、男性は一八年ですが、女性は二〇・五年と、男性より二年半も長くなっています。アメリカの高齢者政策の柱は、医療と介護です。しかし、高齢者のすべてが健康上の問題を抱えているわけではありません。例えば、連邦政府が発行した「高齢者二〇一二年——ウェルビーイングのキー指標[5]」に示された六五歳以上の高齢者の聴覚、視覚及び歯の状態についてのデータによると、聴覚に問題のない高齢者は男性で四六%、女性で三一%にのぼります。視覚については、それぞれ一三%、一六%が問題ないと回答。歯についても、男性の二四%、女性の二五%が支障ないと答えています。また、健康状態全般についても、「優良」「大変良い」「良い」「普通」「悪い」の五段階で尋ねたところ、六五歳以上の高齢者で「良い」以上の回答が七六%に及んでいます。また、八五歳以上でも六七%に達しています。

では、逆に、健康に問題がある高齢者はどのくらいいるのでしょうか。「高齢者二〇一二年——ウェルビーイングのキー指標[6]」によれば、ADL（日常生活動作）に関して二〇〇九年時点で一つ該当する高齢者は一二%、二つ該当するのは一八%、三〜四該当するのは五%等で、全体で四一%に及んでいます。なお、ここでいう高齢者は、メディケアに加入している六五歳以上の人々です。また、一九九二年時点では、これらの割合は、一四%、二〇%、六%、四九%と、いずれも二〇〇九年より高いのです。換言すれば、この間に高齢者の健康状態が全体として改善されたのです。

表10-1　65歳以上でパーソナルケアが必要な人の割合（2014年）

	全　体	男　性	女　性
65歳以上	6.5%	5.0%	7.6%
65歳～74歳	3.5%	3.4%	3.6%
75歳～84歳	7.4%	5.6%	8.9%
85歳以上	18.1%	13.2%	20.8%

出所：US Department of Health and Human Services, Early Release of selected Estimates Based on Data From the National Health Interview survey, 2014, P80,（http://www.cdc.gov/nchs/data/nhis/earlyrelease/earlyrelease201506.pdf, 2016年8月1日アクセス）

さらに、表10-1で示したように、二〇一四年時点でパーソナルケアが必要な六五歳以上の高齢者は六・五％にすぎません。この割合は、年齢が上がるにつれて増えていきますが、それでも八五歳以上で一八・一％と、五人に一人に満たない状態です。ただしこの統計には、ナーシングホームなどの介護や医療のための施設の入居者は含まれていません。なお、この割合は、一九九二年以降、数年間七％台になったことがあるものの、ほぼ六％台で大きな変化はみられません。

以上のように、アメリカの高齢者の多くは、「元気シニア」と言えます。前述のように、アメリカの六五歳の高齢者の余命年数は、一九・三年です。その一方、収入を得るために働いている高齢者は五人に一人にすぎません。とすれば、退職後、レジャーなどを個人的に楽しむだけではなく、ボランティアとしてＮＰＯなどで社会的な活動に関わることができる可能性は大きいといえます。その実態をみる前に、アメリカのＮＰＯについて概観しておきます。

3　アメリカのNPOの概要

日本では、NPOというと、NPO法人（特定非営利活動法人）がイメージされるように、法人格の問題として考えられることが多いでしょう。これに対して、アメリカでは、免税団体といわれるように、税制優遇措置をもつ団体という認識が一般的です。法人格を取得せず、税制優遇措置だけ受けることも可能です。税制優遇にはさまざまなものがありますが、主要なものとして、個人や法人が寄付を行った場合に所得税や法人税から控除が認められる寄付者向けのものと、団体の目的に沿った事業から生じた収益に課税が免除される非課税措置の二つに分けられます。

首都ワシントンにあるNPOのシンクタンク、アーバン・インスティチュートのNPOフィランソロピーセンターが発行している「二〇一五年版NPOセクター概要――公益慈善団体、寄付、ボランティア活動」によると、(7)二〇一三年に税務当局である財務省内国歳入庁に登記しているNPOは約一四一万団体にのぼります。このうち九五万団体余りは、「公益慈善団体」です。事業分野としては、芸術文化、教育、福祉、医療、環境保護、国際協力など幅広いです。

「公益慈善団体」とは、NPOへの税制優遇について定めた、内国歳入法五〇一条c三項に規定された二種類の公益型のNPOの一つです。パブリックサポートテストという、寄付収入が団体の予算の一定の割合以上になっている団体が「公益慈善団体」で、もう一つはこの基準を満たしていない「民間助成財団」です。「民間助成財団」は、資産の一定の割合以上を「公益慈善団体」に寄付することが求められています。いわゆる助成金です。二〇一三年時点の団体数は、八万七一四二にのぼります。この二種類のNPOは、寄付者への控除と関連事業収益への非課税措置という二つの特典を持つ団体です。日本でいえば、認定NPO法人に相当するといえますが、より幅広い免税措置が認められています。

「公益慈善団体」と「民間助成財団」を含めてNPOは、約三〇に分類されます。その大半は、労働組合や商工会議所などの共益型の組織です。共益型のNPOは、関連事業への非課税措置は認められていますが、寄付控除は認められていません。なお、「公益慈善団体」と「民間助成財団」以外に公益型のNPOがあります。「ソーシャル・ウェルフェア・オーガニゼーション」と呼ばれるもので、内国歳入法の五〇一条c四項に規定されています。その名称から社会福祉法人のように思われがちですが、ロビー活動や選挙関連の活動などが中心のNPOです。

ここでいうロビー活動とは、特定の法律や法案に関して、その成立や改正、廃止などを求めて、議会や議員、行政などに働きかける行為のことです。議会などに直接働きかける直接ロビーと、有権者に情報を提供し、議会などに働きかけてもらう間接ロビーの二種類があります。「公益慈善団体」や「民間助成財団」も同様な活動を行うことができますが、予算上の制約などが課せられています。なお、「ソーシャル・ウェルフェア・オーガニゼーション」は、ＰＡＣ（政治活動委員会）ではないため、候補者や政党などへの政治献金などは認められていませんが、一定の制約はあるものの、候補者の支援なども可能です。後述するように、高齢者関係を含め、アメリカの多くのＮＰＯは、こうしたロビー活動や選挙活動に関わっています。

日本のＮＰＯ法人は、法人化する際、所轄庁に活動分野を提示しなければなりません。このため、ＮＰＯ法人の活動分野がどのような状態であるか、把握することができます。ただし、複数の活動分野を挙げていても、実際にそのすべてを行っているとは限りません。これに対して、アメリカでは、活動分野を提示する必要はありません。したがって、政府として、ＮＰＯの活動分野の把握は困難です。二一世紀に入ってから、連邦労働省は、ＮＰＯのデータを収集、分析する作業を開始しましたが、活動分野に相当するものはなく、既存の営利企業の事業分野を用いて、「農業」「建設業」「製造業」「卸売業」「小売業」「運輸・倉庫業」「情報業」などに分けているだけで、ＮＰＯの実態把握に適しているとはいえません。

労働省に先立ち、アーバン・インスティチュートは、ＮＴＥＥ（全米免税団体）という分類方法を開発し、ＮＰＯの活動分野別の団体数や予算などの収集と分析を行ってきました。表10-2は、「公益慈善団体」を八つの活動分野に分けたものです。なお、「教育」と「医療」については、二つずつのサブカテゴリーに分類しています。

表10-2　公益慈善団体の団体数と歳入（2013年）

	団体数	割合	歳入	割合
全　体	293,103	100%	1兆7341億ドル	100%
文化・芸術	29,136	9.9%	336億ドル	1.9%
教　育	50,262	17.1%	2963億ドル	17.1%
高等教育	2,050	0.7%	1881億ドル	10.8%
その他教育	48,212	16.4%	1082億ドル	6.2%
環境・動物	13,283	4.5%	167億ドル	1.0%
医　療	37,732	12.9%	1兆253億ドル	59.1%
病院など	7,062	2.4%	8640億ドル	49.8%
その他医療	30,670	10.5%	1613億ドル	9.3%
社会福祉	104,002	35.5%	2142億ドル	12.4%
国際協力援助	6,305	2.2%	324億ドル	1.9%
公益活動	34,081	11.6%	1002億ドル	5.8%
宗教関係	18,302	6.2%	154億ドル	0.9%

注：本表は，「公益慈善団体」のうち，内国歳入庁に事業報告を行っている団体のみの統計。
出所：The Nonprofit Sector in Brief 2015: Public Charities, Giving and Volunteering, p6.

ここから明らかなように、団体数でみると、社会福祉が全体の三分の一以上を占めて、最大です。次いで、教育、医療の順になりますが、芸術・文化、公益活動も一〇％前後で、医療と大差はありません。一方、歳入レベルでみると、医療が全体の六割を占め、これに教育と社会福祉の約三〇％を加えると九割がこの三つの活動分野で占められています。なお、表10-2の「公益慈善団体」は、内国歳入庁に事業報告を行っている団体だけだということに注意する必要があります。前述のように、「公益慈善団体」は、九五万を超えています。表10-2の二九万という数は、その三分の一にすぎません。これは、財政規模が小さいなどの理由で、具体的な内容を伴った事業報告の不要な団体が大半ということを意味しています。

医療には、病院やクリニックが含まれます。教育の代表格は、大学などの教育機関です。社会福祉も高齢者や障害者、子どもなどを対象にした施設も含まれます。このため、「箱物」のイメージを持つかもしれません。しかし、ＮＰＯが提供する医療の受益者の多くは、メディケアや低所得者向けのメディケイドと呼ばれる医療補助を利用した高齢者です。教育も、生涯教育や社会教育においては、受益者の多くは高齢者です。社会福祉の対象となる高齢者が少なくないことは、前述の高齢者の貧困率をみただけでも推察できるでしょう。医療、教育、社会福祉のＮＰＯは、高齢者にとって重要な位置を占めているのです。

4　高齢者ボランティアの現状とメリット

第2節でみたように、現在のアメリカの高齢者の多くは、学歴が高く、仕事には就かず、健康状態が良好です。仕事と子育てを終えた後の、第二の人生をエンジョイすることもできるでしょう。しかし、「社会への恩返し」という意識が強いアメリカ社会では、多くの人々がボランティア活動に参加しています。では、高齢者の場合、どうなのでしょうか。また、高齢者がボランティア活動に関わった場合、どのようなメリットがあるのでしょうか。以下、政府の統計や調査結果なども用いながら、検討していきましょう。

連邦労働省の統計(8)によると、二〇一四年九月からの一年間に何らかの組織を通じてボランティア活動に従事したことがある一六歳以上の人は、ほぼ四人に一人の二四・九％でした。男女別でみると、男性の二一・八％に対して、女性は二七・八％。実に六ポイントも上回っています。年代別では、一六歳から二四歳が二一・八％と、二五歳以上の二五・五％より四ポイント近く低くなっています。活動に参加した割合は、男女を合わせた場合には三五歳から四四歳が最も多く、二八・九％に達しました。男女別にみると、同年齢層の女性が三三・二％とほぼ三人に一人です。

では、六五歳以上の高齢者はどうでしょうか。男女合わせると二三・五％と全体の平均をやや下回る程度です。男女別にみると、男性の二二・四％に対して、女性は二四・四％と、女性の割合が高いことは同じですが、男女の差はあまりありません。これは、女性の平均寿命が長いため、高齢でボランティア活動ができない可能性も考えられます。なお、高齢者は、男女合わせて全体の平均をやや下回る程度ボランティア活度に関わっているということは、年齢による活動への参加が困難な人が出てくることを考慮すれば、他の世代に比べ、かなり積極的に関わっているといえるでしょう。

事実、前述の労働省の統計によると、高齢者の年間中位ボランティア活動時間は、他の世代を大きく上回っています。全体の中位時間が五二時間であるのに対して、六五歳以上の高齢者は、実に九四時間にのぼります。これは、毎週二時間近くボランティアで活動していることを意味します。年間のボランティア活動時間をさらに細かくみてみると、高齢者の場合、一〇〇から四九九時間が二八・五％、五〇〇時間以上も六・二％に達します。高齢者がボランティア活動に参加している割合は、他の年齢層よりやや低いものの、参加者一人一人の参加時間は、平均を大きく上回っているのです。

労働省の統計は、高齢者を六五歳以上で一括りにしています。これに対して、高齢者NPOのAARPが二〇一〇年に発表したレポート(9)では、青年層と中年層に加えて、高齢者を二つの年齢層に分けてボランティア活動への参加について調査しており、年齢層による類似性と相違をみることができます。なお、AARPの調査では、労働省と異なり、ボランティア活動について、組織を介さず、個人で行う活動も含めています。このため、二つの調査では、参加率に差があることに注意が必要です。

AARPの調査では、ボランティア活動への参加者の年齢を二九歳から四四歳、四五歳から六三歳、六四歳から八〇歳、八一歳以上の四つに分けています。これらの年齢層別に、ボランティア活動に「ある程度関わっている」と回答した人は、それぞれ三九・〇％、二八・三％、二六・一％、一九・六％です。一見して明らかなように、年齢が上がるにつれ、参加者の割合が減少し

表 10-3　世代別にみたボランティア活動の内容

（%）

	29-44歳	45-63歳	64-80歳	81歳以上
障害者支援	35.2	41.6	41.7	36.4
食物以外の者の収集，配達	43.2	37.6	44.4	33.7
ファンドレイジング	43.6	38.9	37.2	24.9
食事の準備，給仕	30.2	36.8	33.8	32.1
人の移送	39.9	31.9	41.9	35.0
学校でボランティア活動	43.8	32.9	17.4	6.1
個人指導や教員，メンター	41.4	26.4	20.7	17.8
専門的，経営的指導，理事	22.3	22.9	22.4	17.8
公園などの野外の清掃	28.2	25.9	17.6	1.7
募金マラソンなどの行事	27.0	18.7	16.3	8.3
カウンセリングや医療	18.3	14.9	10.3	11.8
政治活動	12.1	11.5	12.8	3.1
コーチ，レフリーなど	17.7	10.1	3.1	2.4

出所：AARP, Connecting and Giving: A Report on How Mid-life and Older Americans Spread Their Time, Make Connections and Build Communities, January 2010, p47.

ています。しかし、「非常に関わっている」という回答では、一六・八％、一七・四％、一七・三％、一五・〇％と、年齢が上がっても大きな変化はみられません。

しかし、高齢者が関わったことがあるボランティア活動の内容をみてみると、年代による差があまりみられないものと、かなり違いがあるものがあることがわかります。表10-3は、それを示しています。年齢層による差が最大一〇％までのものをみると、「障害者支援」「食事の準備、給仕」「人の移送」「専門的、経営的指導、理事」「カウンセリングや医療」「政治活動」があります。

ただし、「政治活動」については、すべての年齢層で参加率が低いが、八一歳以上は三・一％で、他の年齢層と一〇％以上の差はないものの、参加率では他の年齢層の四分の一程度にすぎなません。一方、「学校でボランティア活動」「個人指導や教員、メンター」「公園などの野外の清掃」「募金マラソンなどの行事」「コーチ、レフリーなど」では、かなりの差がみられます。

なぜ、このような結果になったのかについて、ＡＡＲＰは原因を検討していません。しかし、「公園などの野外の清掃」「募金マラソンなどの行事」「政治活動」のように体力が必要と考えられるものは、八一歳以上の参加が極めて少ないことがわかります。なお、「政治活動」とは、選挙にあたり、投票依頼のために戸別訪問をしたり、政党や候補者などの事務所で有権者に電話で依頼するなどのことが考えられます。いずれもかなり体力が必要です。「食事の準備、給仕」に八一歳以上が二九歳から四四歳までより高い割合で参加しているのは、高齢者向けの会食プログラムの利用者として参加しつつ、ボランティアとしての手伝いも行うなどの事情もあるのでしょう。

年代による格差が最も少ないのは、「専門的、経営的指導、理事」です。これは、専門職の経験や企業やＮＰＯにおけるマネジメントの経験を活かしたボランティアと考えられますが、六四歳から八〇歳で二二・四％、八一歳以上でも一七・八％の人が参加しているということは、専門性やマネジメントの能力は、かなり高齢になってもあまり低下せず、他人への指導も可能であることを示唆しているといえるでしょう。

実際、NPOの理事には、高齢者が少なくありません。NPOの理事会に関する調査研究や研修などを提供しているボードソースというNPOが二〇一五年に発行したレポート[10]によると、NPOの理事のうち六五歳以上の高齢者は一六％を占めています。この割合はNPOの財政規模が大きくなるほど、増える傾向にあります。予算規模が一〇〇万ドル未満のNPOでは六五歳以上の理事が一三％しかいませんが、一〇〇万ドルから九九九万ドルの中規模の組織になると、一六％になります。さらに、予算規模一〇〇〇万ドル以上の大規模なNPOでは二五％と、理事のうち四人に一人が六五歳以上です。

連邦政府のCDC（疾病予防管理センター）によると[11]、二〇一三年現在のアメリカ人の平均寿命は七八・八歳です。これを二年余り上回る八一歳以上の高齢者の一七・八％がボランティア活動に関わっているという事実は、驚愕に値するでしょう。こうした中で、アメリカでは、三〇年以上前からボランティア活動が健康に及ぼす影響、とりわけ高齢者に及ぼす影響について、調査や研究が行われてきました。連邦政府のボランティア活動推進機関、CNCS（コーポレイション・フォア・ナショナル・アンド・コミュニティ・サービス）は、二〇一二年五月、高齢者ボランティアの健康面におけるベネフィットに関する先行研究を踏まえ、今後の政策のあり方について提言[12]を行いました。

この中でＣＮＣＳは、ボランティア活動が、とりわけ高齢者にとって、活動的なライフスタイルや健康上のメリットにつながっている、と指摘しています。ボランティア活動に関わる人は、社会のためになるから活動をしているというだけでなく、後年、より良い健康を享受でき、ウェルビーイングを高め、憂鬱感を抑えるとともに、パワーとエネルギーを高めていく、と述べています。その上で、今後、ベビーブーマーが高齢化していく中で、高齢者にとってのボランティア活動の意義が増すとして、健康問題と関連づけてボランティア活動を推奨していくことや、初めてボランティア活動に関わってもらうために、「九月一一日」などのボランティア活動の推進日を活用することが必要などとしています。

5　政府主導の高齢者ボランティアプログラム

第2節で述べたように、一九六〇年代に入ると、連邦政府は、「元気シニア」をターゲットにして、ＮＰＯなどにおけるボランティア活動に積極的に関わらせていこうという政策を打ち出しました。ＳＣＯＲＥやシニアコアは、その代表格です。とはいえ、連邦政府のような巨大な組織は、こうしたイノベイティブなプログラムを自ら開発、スタートさせることはほとんどありません。ＮＰＯなどの民間の取り組みを政策につなげていくことが、一般的です。ＳＣＯＲＥやシニアコアも、その例外ではありません。

ＳＣＯＲＥが公式に設立されたのは、一九六四年九月一三日でした。この日のニューヨーク・タイムス紙(13)は、連邦政府のＳＢＡ（小規模企業庁）の支援を受けて、企業を退職した一一〇〇人余りの経営者が小規模企業の売り上げや利益を増大させるためにボランティアのコンサルタントとして活動していくための組織が立ち上げられたと伝えています。同紙によれば、経営指導の対象となる小規模企業は、ＳＢＡが融資している企業や一九六四年経済機会法を通じて政府から融資を受けている企業です。経済機会法は、メディケアやメディケイドなどの医療政策と並ぶジョンソン政権の「貧困との戦い」の一環であり、政府がこの政策の推進にボランティアとＮＰＯという民間の力を活用したものといえるでしょう。

企業経営に携わってきた人々が中小企業の経営指導をボランティアで行うという考えは、ＳＢＡの産物ではありません。ＳＣＯＲＥが公式にスタートする一〇年以上前の一九五三年、化学メーカーの大手、デュポンのエンジニアだったモーリス・デュポン・リーが始めたものです(14)。デュポン・リーの活動は大きな成果をあげ、各地で同様な取り組みが行われるようになりました。その結果、ＳＢＡが支援して、独立のＮＰＯとしてＳＣＯＲＥが設立された前年の一九六三年には、全米五〇の地域で退職した経営者らによる団体が作られていました。

ＳＣＯＲＥの必要性について、一九六五年にジョンソン政権で副大統領となるヒューバート・

ハンフリーは、その前年のニューヨーク・タイムス紙への寄稿文のなかで、次のように述べています。

「今年、事業を始めた小規模企業の半数は失敗に終わっている。その大半は、経営スキルがなかったためだ。…（中略）…専門的なコンサルティングは、失敗を大きく減らすだろう。しかし、そのための資金をもつ小規模企業はほとんどない。[15]」

SCOREのメディア・キット[16]によると、現在、ボランティアのコンサルタントは全米三〇〇余りの支部に一万一〇〇〇人以上が登録されています。年間にコンサルティングの提供を受ける企業は、五万社を超えています。コンサルティングとともに活動の柱である、トレーニング・ワークショップは、年間一万一〇〇〇回も開催されています。また、インターネットを通じた経営指導も行っており、年間の指導回数は四万八〇〇〇回に及びます。このようにSCOREは、ハンフリーが述べたような資金力のない小規模企業に貴重な経営指導の機会を提供しているのです。

高齢者というと、通常、六五歳以上の人を指します。しかし、シニアコアの対象者は五五歳以上の人です。シニアコアがスタートした一九六〇年代半ばから一九七〇年代の初めにかけての平均寿命が七〇歳前後と、現在の八〇歳弱より一〇年近く短いものでした。そうした点も影響して

表 10-4　シニアコアのプログラム別の主要統計

	RSVP	FGP	SCP
参加人数	29万6,100人	2万7,900人	1万3,600人
総活動時間	6,000万時間	2,400万時間	1,220万時間
クライアント数	6万5,000団体	23万2,300人	6万940人
連邦政府補助額	5,020万ドル	1億1,070万ドル	4,680万ドル
その他の歳入	4,290万ドル	3,300万ドル	2,290万ドル

出所：Corporation for National and Community Service, Senor Corps Fact Sheet, February 2012.

いるのかもしれませんが、アメリカでは政府の政策の対象者を含め、五五歳や六〇歳以上を高齢者と規定することも少なくありません。

シニアコアは、三つのプログラムから成り立っています。RSVPと呼ばれる、NPOなどでボランティア活動に従事するものが一つです。もう一つは、FGP（フォスター・グランド・ペアレンツ・プログラム）といい、学校や病院などで、子どもに学習や生活面での指導を行うメンター活動です。最後に、要介護状態にある高齢者の話し相手や買い物の代行などを行う、SCP（シニア・コンパニオンズ・プログラム）があります。いずれも原則として、無償のボランティア活動で、FGPに関しては、低所得者の場合、最低賃金よりかなり低いレベルですが、非課税の現金による手当を受けることができます。

表10-4から明らかなように、NPOでボランティア活動を行うRSVPの参加者が全体の九割を占めています。一方、年間活動時間では、RSVPが最も多いものの、一人当たりの平均時間では、SCPが八九七時間と最も長く、次いでFGPの八六〇時間、そし

てRSVPの二〇三時間となっています。SCPとFGPの場合、毎週一六〜一七時間も活動していることになります。また、FGPの場合は年間一〇〇〇時間近くを一人の子どもと、SCPの場合は二〇〇〇時間近く一人の高齢者と接していることになります。

シニアコアの三つのプログラムは、同じ時期にスタートしたわけではありません。FGPが最も古く、一九六五年に開始された。RSVPは一九七一年、SCPは一九七四年です。しかし、連邦政府が自ら開発したのではなく、前述のSCOREがデュポン・リーの活動から始まったように、シニアコアも、民間のイニシアチブを連邦政府が導入していったものです。例えば、RSVPは、一九六六年にニューヨークのCSS（コミュニティ・サービス協会）というNPOが開始したプログラムです。

CSSによると、(17)プログラムがスタートしたのは一九六六年でした。二三人の男女がニューヨーク市内のさまざまな問題を扱うNPOでボランティアとして活動を始めたのが最初です。このプログラムは当初、「SERVE」（ボランティア体験を通じた奉仕と退職後の人生の充実）と呼ばれ、スタテン島で実施されていましたが、一九六九年には市内全域で展開されるようになりました。そして、プログラムの名称がRSVPに変更されるとともに、連邦政府がOAA（高齢アメリカ人法）の下で、このプログラムとFGPに対して補助金を提供することを決定し、RSVPは全米に拡大していきました。なお、現在、CSSは、年間三〇〇〇人の高齢者にトレーニングを提供し、

ＮＰＯにボランティアとして派遣しています。

6　高齢者ＮＰＯの多様な活動と大きな影響力

ＮＰＯの活動を大きく二つに分類すると、サービス活動とアドボカシー活動になります。サービス活動とは、特定の対象者が必要とする支援を提供することです。高齢者を対象としたものでいえば、会食や配食などの食事プログラムや病院や買い物などの移動の手助けをする移送サービスのような、社会的な課題に対応するものだけではなく、スポーツ、芸術、文化、教養など、広い意味の生涯教育のように生活の質を向上させるためのものもあります。アドボカシー活動は、社会一般への教育や啓発、議会や行政へのロビー活動、選挙に関連して有権者登録や政策の比較検討を行い、有権者に情報を提供するなど、さまざまな形態が存在します。以下、高齢者ＮＰＯの事例を通じて、その多様な活動内容と社会的な影響力をみてみましょう。

一九五〇年当時の「公益慈善団体」の団体数は、三万二〇〇〇でした。しかし、二〇年後の一九六九年には一三万八〇〇〇と四倍に増加しました。さらに、一九七六年には二六万団体を数えるに至ったのです。(18) なぜ、このように急激に成長したのでしょうか。その最大の原因は、政府の支援策です。一九六〇年代半ばの民主党のジョンソン政権とその後を継いだ共和党のニクソン政権は、補助金や還付金によりＮＰＯへの事業支援の道を大きく開いていきました。

第3節で紹介したメディケアやメディケイドは、高齢者や低所得者への医療や介護のサービスを提供するＮＰＯにとって、安定した財源を提供する措置ともいえます。また、前節で紹介したように、ＯＡＡ（高齢アメリカ人法）は、シニアコアの財政を支えているだけではありません。一九七二年には、高齢者への食事プログラムへの補助金が導入されました。翌一九七三年には、ＯＡＡにより全米各地で高齢者向けに各種のサービスを提供するシニアセンターへの財政支援がスタートしました。さらに、一九七四年には、社会保障法が改正され、高齢者へのデイケアや移送サービス、健康維持プログラムなどへの補助金が提供されました。

こうした政府による財政支援の結果、高齢者の命や生活を支えるプログラムとして全米で展開されるようになったものの一つに、ミールス・オン・ホィールス（ＭＯＷ）があります。直訳すると「車輪の上の食事」という意味ですが、温かい食事を在宅生活の高齢者に届ける事業です。元々、第二次世界大戦中、ロンドンでスタートしました。アメリカでは、一九五三年にフィラデルフィアで始まったのが最初です。現在では、この配食に加え、会食のプログラムも実施されています。

ＭＯＷは、プログラムの名称です。このプログラムを実施しているＮＰＯの全米レベルの協会、ＭＯＷアメリカによると、(19) 高齢者ＮＰＯにより全米五〇〇〇カ所で提供されています。年間の利用者は約二四〇万人で、飢餓に直面しているといわれる高齢者九六〇万人の四分の一に提供していることになります。なお、二四〇万人のうち、配食は八三万人で、残りは会食です。このため必要な財源は、一四億三二二七万ドルにのぼり、その三七％に当たる五億二三〇一万ドルはOAAによる補助金です。

前述のように、OAA（高齢アメリカ人法）により一九七二年から高齢者への食事プログラムへの補助金が始まりました。しかし、OAAは、二〇一一年に失効しました。OAA関連の予算は、議会により継続して認められたものの、食事プログラムをはじめとした六〇歳以上の高齢者向けの各種のサービス・プログラムへの補助金などは、物価上昇や高齢者の増加に伴わなくなりました。AARPの資料[20]よると、OAA予算は、二〇一〇年度の二三億三〇〇〇万ドルをピークに減少、二〇一三年度には一八億二〇〇〇万ドルに落ち込んでいます。二〇一四年度には一八億八〇〇〇万ドルと若干回復したものの、一一〇〇万人程度といわれるOAA補助金事業の利用者一人当たり、一七〇ドルあまりにすぎなくなっています。

このため、高齢者の権利擁護や高齢者向けのサービスを提供しているNPOなどは、OAAの再認証を求める活動を開始しました。二〇一五年一月、連邦上院にOAA再認証法案が二八人の共同提案により、超党派で上程されました。同年七月、連邦上院本会議は、この上院一九二号法案を可決、上院に送付しました。二〇一六年三月、連邦下院は修正案を上院に送付、同年四月、上院は、下院の修正案を可決し、オバマ大統領（当時）に送付しました。同月一九日、大統領が署名をして、法案は成立しました。

政治献金やロビー活動に関する情報を収集、分析、公開する活動を行っているNPO、「CRP（応答する政治センター）」によると、[21] 上院一九二号に関して、二〇一五年にロビー活動を行った団体は二五でした。このうち、最も回数が多かったのは、AARPで、七回に及んでいます。なお、AARPは、二〇一六年にも四回のロビー活動を行っています。AARPの他には、アルツハイマー協会（六回）、米国アルツハイマー財団、全米法律家協会、イースターシールズ協会、シカゴユダヤ協会、リーディングエイジ、全米ソーシャルワーカー協会、社会保障を守る全米委員会、アメリカ歯科保健（以上、各四回）などとなっています。

AARPは、第3節で紹介した、ロビー活動を中心的な活動としている五〇一c四団体ですが、アルツハイマー協会やイースターシールズ協会のように、寄付控除の特典を持つ「公益慈善団体」も含まれています。AARPの会員は、公称三五七〇万人です。イースターシールズ協会は年間一九〇〇万世帯にメールを送り、一四〇〇万ドルの募金を集めています。日本での知名度はほとんどありませんが、リーディングエイジは、全米六〇〇〇余りの高齢者関係のNPOなどを会員に持ち、アドボカシー活動も積極的に展開していることで知られています。

こうした社会的に影響力の大きなNPOがロビー活動という形で、議員に積極的に働きかけを行うことで、上院法案一九二号の成立を促すことが可能になったのです。とはいえ、ＮＰＯのアドボカシー活動は、直接政策立案者に向けられているだけではありません。上院の法案の可決など、法案の成立に向けた節目節目で高齢者団体は、利用者や支援者をはじめとした社会に向け、声明を発表、世論の関心を高めるとともに、法案の成立に向けて尽力している議員をバックアップしてきました。

例えば、高齢者問題の啓発や公共政策の立案などを行っているＮＣＯＡ（全米高齢者評議会）は、二〇一五年に連邦上院が法案を可決した時や二〇一六年三月に下院が法案を可決した際に、声明を発表しました。超党派による上院と下院の取り組みを評価するとともに、ＮＣＯＡが求めてきた内容が盛り込まれたことをアピールしました。また、オバマ大統領（当時）が署名した後、ＮＡＣ（全米介護者同盟）という介護者の問題に関心を持つ企業やＮＰＯ、政府機関、研究者などで構成されるＮＰＯは、法律は制定されたものの予算が自動的に増加するわけではないとして、二〇一七年度の予算増を求めるために、議員に要請を行うよう呼びかけるチラシを作成するなどしています。

7　日本における高齢者のパワーの活用に向けて

高齢化社会において、医療や介護の対象者としてだけみられがちな高齢者ですが、その潜在的なパワーは、決して小さいものではありません。しかも、今後、高齢者人口が急増していくことが確実な中で、「一億総活躍社会」のカギに、高齢者を位置づける必要があるはずです。そのためには、高齢者の力を引き出し、活かしていく方策がなければ、絵に描いた餅であり、単なる議論に終わってしまうでしょう。本章で紹介してきたように、アメリカでは、高齢者によるボランティア活動や、高齢者を支援、そして活用しているＮＰＯ、さらには支援、活用するために必要な政策を促していくＮＰＯの動きが幅広く展開されています。こうした動きに注目し、日本において、支援が必要な高齢者への支援の充実とパワーのある高齢者を積極的に活用していくための具体的なアクションが求められています。本章が、そのための一助になれば幸いです。

注

（1）グローバルノート、世界の高齢化率（高齢者人口比率）国際比較統計・推移、（http://www.globalnote.jp/post-3770.html, 2016.7.27）。

(2) The Special Committee on Aging (1961) "*New Population Facts on Older Americans,*" US Government Printing Office.

(3) US Census Bureau (2002) "*Demographic Trends in the 20th Century,*" (http://www.census.gov/prod/2002pubs/censr-4.pdf, 2016.7.28.).

(4) Administration for Community Living (2015) "*Profile of Older Americans; 2015,*" (http://www.aoa.gov/Aging_Statistics/Profile/2015/2.aspx, 2016.7.28.).

(5) Federal Interagency Forum on Aging-Related Statistic (2012) "*Older Americans 2012: Key Indicators of Well-being,*" Washington, DC: U. S. Government Printing Office.

(6) Ibid.

(7) Urban Institute, (2015) "*Center on Nonprofits and Philanthropy, The Nonprofit Sector in Brief 2015: Public Charities, Giving and Volunteering,*" (http://www.urban.org/sites/default/files/alfresco/publication-pdfs/2000497-The-Nonprofit-Sector-in-Brief-2015-Public-Charities-Giving-and-Volunteering.pdf, 2016.8.1.).

(8) Bureau of Labor Statistics "*Volunteering in the United States, 2015,*" (https://www.bls.gov/news.release/volun.nr0.htm, 2016.8.1.).

(9) AARP (2010) "*Connecting and Giving: A Report on How Mid-life and Older Americans Spread Their Time, Make Connections and Build Communities,*" (http://www.aarp.org/giving-back/volunteering/info-01-2010/connecting_giving.html, 2016.8.1.).

(10) Board Source (2015) "*Leading with Intent: A National Index of Nonprofit Board Practices,*" (https://my.boardsource.org/eweb/pdf/LWI-Report.pdf, 2016.8.1.).

(11) Center for Disease Control and Prevention (2016) "*National Vital Statistics and Report, Volume 63,*" (https://www.cdc.gov/nchs/data/nvsr/nvsr63/nvsr63_07.pdf, 2016.8.1.).

(12) The Corporation for National and Community Service (2012) "*The Health Benefits of Volunteering for Older Americans,*" (https://www.nationalservice.gov/pdf/healthbenefits_factsheet.pdf, 2016.8.1.).

(13) The New York Times (September 13, 1964) "*Small Businesses To Tap the Retired For Executive Skill,*" (http: //www. nytimes. com/1964/09/13/small-businesses-to-tap-the-retired-for-executive-skill. html? _r=0, 2016.8.1.).

(14) American Express, "*SCORE Turns 50: Celebrating Half a Century of Small-Business Mentoring,*" May 14, 2014, (https: //www. americanexpress. com/us/small-business/openforum/articles/score-turns-50-celebrating-half-a-century-of-small-business-mentoring/, 2016.8.1.).

(15) Ibid.

(16) SCORE, "SCORE Media Kit," (http://s3.amazonaws.com/mentoring.redesign/s3fs-public/SCORE-Media-Kit-2015.pdf, 2016.8.1.).

(17) Community Service Society, "*Celebrating 50 Years of RSVP,*" (http://www.cssny.org/stories/entry/1966-2016-celebrating-50-years-of-rsvp1, 2016.8.1.).

(18) Hall, Dobkin, Peter (2006) "*A Histrical Overview of Philnthropy, Voluntary Associagions, and Nonprofit Organizations in the United States, 1600–2000, The Nonprofit Secotr: A Research Handbook,*" Yale University Press.

(19) Means of Wheels America, "*United States 2016,*" (http://www.mealsonwheelsamerica.org/docs/default-source/fact-sheets/2012/mow-factsheet-national2016.pdf?sfvrsn=2, 2016.8.1.).

(20) AARP Public Policy Institute (2014) "*Insight on the Issues 92: The Older American Act*" (http://www.aarp.org/content/dam/aarp/research/public_policy_institute/health/2014/the-older-americans-act-AARP-ppi-health.pdf, 2016.8.1.).

(21) Center for Responsive Politics, "*Clients lobbying on S. 192: Older Americans Act Reauthorization Act of 2016*" (http://www.opensecrets.org/lobby/billsum.php?id=s192-114, 2016.8.1.).

（柏木　宏）

コラム6　一〇周年は高大で……

二八年春、抽選にもれ初めて受講してから五年目にしてNPO法人大阪府高齢者大学校（以下、高大）浪人の身。とはいえ、四期「大阪まち歩きガイド科」を初受講と同時に「高大同窓会高槻」に入会し、今は副会長として同窓会活動で忙しく且つ楽しく過ごしています。高大では、一流の先生方の講義に、知的好奇心を大いに満足させ、同年代の貴重な友人を得ることができ、試験も成績表もなく、勉強がこんなにも楽しいかということが再認識できました。

一方、地域の同窓会は、大阪府老人大学から三〇年も続く会で、地元の隠れた名店の食べ歩きや「毎月のハイキング」、「健康麻雀」、歴史クラブやバス旅行等に自由に参加し、地元の友人もたくさんできました。一〇周年を迎える伸び盛りの高大、三〇年の実績を積み重ねた地域同窓会、各々の良さを体験しながら、ちょっと贅沢、でも安上がりなリタイア後の生活を満喫。来年再び高大受講にチャレンジし、受講生として一〇周年を迎えたいと思っています。

（「高大修了生・高大同窓会高槻」・副会長　西尾　孝）

第Ⅲ部　超高齢社会へのＮＰＯ法人大阪府高齢者大学校の挑戦

第11章　座談会①　高齢者が今後担うべき社会的責務を考える

――学習をとおして地域社会とつながる意義

第Ⅲ部のタイトルである「超高齢社会へのNPO法人大阪府高齢者大学校の挑戦」に相応しい自由・闊達なご意見をいただくとともに、一つの発言からさらなる新しい発想が誘発される事を期待して、ブレーンストーミングをベースにした「座談会」を行い（二〇一六年三月一八日・五月二四日）、第一一～一二章に採録しました。「座談会」の出席者は、本書でご執筆いただいた五名の先生方を中心にNPO法人大阪府高齢者大学校（以下、高大）関係者三名と司会者を含めた九名で、明日に向かっての新たな「挑戦」としての道標となるものは何かについて、大いに語っていただきました。

学習をとおして、趣味を大切にした上での仲間づくり、さらに健康増進に向けて楽しく生涯学習をスタートすることが大切ですが、一般のカルチャーセンターとは違い、学習を通して地域社会とつながる意義を、この「座談会」を通して読者諸氏とともに考える一助になればと思います。「座談会」に出席いただいた方は、次の通りです（順不同）。

藤田綾子　大阪大学名誉教授、高大プロフェッサー
堀　薫夫　大阪教育大学教授、高大プロフェッサー
柏木　宏　大阪市立大学大学院教授（当時）、高大プロフェッサー
佐藤眞一　大阪大学大学院教授、高大プロフェッサー
陳　礼美　関西学院大学教授、高大プロフェッサー
和田征士　ＮＰＯ法人大阪府高齢者大学校理事長
佐藤宏一　同　会　長
三田保則　同　副理事長
古矢弘道　同　副理事長

1　ボランティアで成り立っているＮＰＯ法人大阪府高齢者大学校

司会（**古矢弘道：以下同**）：ただいまより、座談会を始めます。最初に意見の出やすい雰囲気づくりのため、佐藤宏一さんからまず高大独特の方式といいますか、ボランティアで成り立っている現在のシステムをとった経緯について、説明をお願いします。

佐藤宏一：もともと、大阪府老人大学は大阪府から一億円足らずの助成金が出て、第二一期までは無償でやっていた時代があり、その後有料になり、そして橋下前知事の時代に助成金のカットと、この生涯学習の勉強の場の廃止を二〇〇八年の七月府議会で議決されたということですね。そのときに残された三万人近い修了生たちが、この高齢者の学習の場の火を消してはならないという思いで集まり、この高大を立ち上げたんです。立ち上げ条件として、志を共にする人たちが、ボランティアでやろうということを決め、スタートを切りました。最初はいろいろ苦労もありましたが、その後も継続的に高大を運営することができたということです。

司　会：いま背景的なことを含めて説明がありましたが、この点に関しては堀先生も本に書いておられますので、補足的な説明をお願いします。

堀　薫夫：もともとは大阪府老人大学という形で一年に一回、一生に一回ですか、無償で提供されていた高齢者の学習の場でしたが、財政の見直しの中で支援がカットされました。それならワシらが好きなように運営しますよと。従って年齢・地域にこだわらず、講座内容は人気があれば増やし、そうでなかったなら組み替える、そういうニーズに応えられ、社会に貢献できるような新たなものを私たちの志のもとに作り上げていくという、これまでとはまったく異なる新しいタイプのNPOを軸とする高大ができたということです。最初はあちらこちらに間借りをしながら二〜三年後に大阪市教育会館に落ち着き、徐々に発展していったと思います。ですから、やはり最初の志を忘れずに自分たちの最も大事とするものを自分たちの力で、そして仲間の中で深めていったということではないでしょうか。

司　会：高大のような、ボランティアで成り立つ生涯学習機関は増えていくのでしょうか。

柏木　宏：高齢者大学的なもので考えた場合は、この大阪を除くと他はみな補助金や助成金でやるか、もしくは行政が直接やるかという方式で、高大のようにボランティアでやっているようなところはないといっていいと思うんですね。もちろんもっと小規模なものはあるかもしれませんが、都道府県など行政がメインでやっていたところは、皆そのような状態です。ボランティアを主体としながら運営をしていくという高大のような仕組みというのは、まず受講生で入学し、受講生の中からクラスを運営していく人材を育成して、さらにその中から運営の中心になっていく仕組みはないですね。受講生からスタートして、徐々に運営に関わっていくということで、仕組みがうまく機能しているような気がします。

もちろん現実にはいろいろな課題もあると思いますが、高齢者をただ受講生として位置づけるのではなく、参画、あるいは運営を担っていくというレベルに発展させていくモデルというのは、是非広げていく必要があると思っています。高大の場合は、財政見直しで切られたから、それに対してこうせざるを得なかったという一面もあると思いますね。

司　会：佐藤眞一先生の目から見られてどうでしょうか。

佐藤眞一：私はずっと東京にいまして、東京の高齢者大学とか高齢者教室とかで講義や調査などをさせていただきましたが、こちらの高大で共通講座をさせていただいた時、まずはNPO団体だということと、多くのボランティアの方が無給で運営されていること、しかもその方々がとても生き生きとされているのを拝見して、ちょっとショックを受けましたね。こういう場所があるのかと。多くの高齢者大学、高齢者教室はほとんど市区町村等の支援を受けて、そこに募集があり、授業を受けに来るという方たちなので、運営は高齢者の方がしているわけではないですよね。

こちらに来て高大の運営の形を拝見して、これはやはり今後の運営の形ではないかと思いました。というのは、私は私立大学に一二年いて、その後、国立大学の流れをくんだ大学に七年いましたが、国立大学に来てやはりもう一つショックがありました。私立大学というのはある意味ではNPO法人みたいなものなのでそれぞれの理念が大学ごとにあり、それぞれの大学で志しているものがあります。ところが国立大学というのはそういうものが見えてこないんです。いわゆる大学というものの成り立ちというのが多分、学生と教職員の共同体、共に学び合うというところから始まったところだと思うんです。そういう意味で学問はやはり独立していなければならないと思いますし、そこでの授業は自立して行なわれなければいけない、そのためにはやはり金銭的な問題は重要な部分があると思いますね。それをまったく自己負担をなくするというのではなく

図 11-1　座談会の様子

撮影：内海邦彦氏。

て、やはり自分で選択して、選んだことに対して対価を払うということ、そしてそこに集まる人たちは同じような志をもって前に向かっていくという意味では、これは高齢者がこれだけ増えた時代、そして元気な方たちもたくさんいて自由な時間をたくさん持っている方たちがよりよく生きていくという意味では素晴らしいモデルになるのではないかと思います。

こういう形での高齢者大学は日本ではただ一つしかないということですね。これはとっても重要なことだなと思いました。責任も重大じゃないかなとも思いました。志というものをどのように継続していくかは大きな課題だと思いますが、それをつないでいくことが高大のある存立の意味でもあると思って聴いておりました。

和田征士：いま日本の人口は一億三〇〇〇万人くらいで、そのうちの約三三〇〇万人が六五歳以上で、だいたい二六%ですよね。その中でもかなりの人が元気なシニアです。その人たちにスポットを当てたいと思っているんです。いま高大での学習、勉強するには六三科目もあるわけですが、行動する・実践するのが少ないのです。

堀　薫夫：大学でもいまアクティブラーニングという形で、単に受け身的な授業だけでは学習したとは言いづらい。もっと積極的に働きかけて地域の実践とか、ボランティアとかに関わっていく部分も含まないといけないとの流れが出てきています。そして高大でも、この建物の中でいろんな先生の授業を聴く、あるいはからだを動かすけれども、たとえば地域に出かけていくとか、何週間かそこに滞在してそれでレポートを書くとか、学習の場、学びの場が地域に開かれていき、それがたとえば修了条件になるようなという仕組み・仕掛けをつくっていっても面白いのではないかなという気がします。

場合によってはそのために、大阪近郊ではないもっと遠くのところの人たちを地元の講師に招くとかいう形でネットワークをつくっていくことも可能ではないかと思います。

柏木　宏：いま堀先生が言われたような、学びと実践の場をつなげていくようなことは、区民・府民カレッジを作っていくなかでそういう方向を考えているとお聞きしました。区民カレッジのような地域で学ぶことは大事であるし、地域密着型で実践もする。学びだけを目的化し、高大に来られた方が、もちろん今までちゃんと勉強する時間もチャンスもなかったので、こんなことを勉強したいと思っている人は、いろいろなメニューの講座で学ばれるということは、本人のためにもなります。その学んだ先に、「地域」をキーワードにして、なにかもう少し社会につながるというようなことを考えることは大事なことだと思っています。

司　会：なかなか地域へ戻って社会活動に参加しようというのは、私たちが思っている以上に少ないように思いますね。個人では活動されている方もおられますが、高大の学習プログラムを受けて、さあ終わったから帰りましょう、帰って活動しましょうというより、高大にもう少しいて、仲間と楽しく過ごしましょうという人が多いと思いますね。そういう意味で、修了後、地域でうまく活動に入っていけるような仕組みがいると思いますが。

2　修了後の社会・地域活動の課題

柏木　宏：先程、堀先生が言われた地域に入っていこうとする場合、どこかの団体でお手伝いするというやり方もありますが、コミュニティビジネスをやるという発想ですよね。この高大にはいろいろな講座がありますが、私たちがよく言うんですが、インキュベーションというか孵化器のような形で、高大を修了した後に、ビジネスをつくるような講座をやっていくと、そこに集まって来た人が仲良く何かやって続けていける。高大の中でやってもいいけれども、自分たちのところで、コミュニティカフェみたいな形が出てくる可能性もある。結局どこかで活動しようと思っても、あまり活動の場を知らない場合が多いと思いますね。

高大に来ている方々は、男性であると多分、企業等とか行政で働いていた方が多いと思いますし、地域では自治会とか振興会には形式的には加入はしていても、戻ったところで、どうやって、誰とやったら、よいのかという話になると思いますね。そういう点では高齢者組織や同じ想いをもった高齢者の方たちとのマッチングですよね。修了の時期か、あるいは年度を通じて、たとえば、月に一回、いろいろな団体の人を呼んできて、こういうことをやっていますよ、うちに来てお手伝いしませんかというと、そこにアクセスする可能性も出てくるし、最終的に仲間が増えてくる可能性はあると思います。講座の中に組み込むとか、マッチングするような形を作っていただくと違うんじゃないかという気がします。

佐藤宏一：柏木先生の話、私も同意見です。今の六三科目、学習プログラムを一応大別しますと、余暇を楽しむ、健康を楽しむ、良くする、そういう目的で受講する科目が、六二％なんです。あと、自己開発ということで自分を開発していくという目的で受講する科目が二七％、あと残りの一一％が何かというと、地域、家庭、家族に関する講座なんですね。地域密着あるいは家庭と家族の問題について学ぶという講座のウェイトが低い。これは非常にこれからの高大の学習プログラムの改革の一つの大きな視点と思います。それを提供することによってね、地域に根づいた活動家が生まれてくる。それがしかも高齢者らしい動き方ができる、そういったものを開発していく必要があると思いますね。

高大の中でも議論があるのですが、まだ働きたい、稼ぎたいという方がおられます。そういった方にどうやってチャンスを与えるのかも高大というグループとして、提供していく場面かなという感じがするんです。私はいまのアベノミクスではないですが、健康長寿の視点というのは医薬・医療、それから健康増進、食品、私はこの三つの分野で高齢者が働く、そういう場を提供する、その時にね、私はＮＰＯ法人じゃなくてやはり他の法人化でもいいんじゃないか、一般社団法人、先生が先程言われたいろいろなコミュニティ財団とかありますが、私は一般社団法人化して、そういう事業については別組織化し、そして高齢者をどんどんそこに送り出していくというような、そんなことを一つの考え方としてやっていってもいいのかなという思いを持っています。

堀　薫夫：二年前に高大でアンケート調査をしたときに、学習ニーズが一番高いのは、史跡めぐりだったんです。大枠でいくと歴史ですよね。歴史の勉強は机に向かってというタイプもあるかもしれませんが、数的にみると地域の史跡を巡っていく、あるいはそのガイドをするとか、地域にひらかれる道筋はニーズの調査の中からも出てきていると思います。座学的なものはもちろん大事ですが、そこの一部に地域に開かれた側面もつくっていて、この団体と関わってみたらどうですかとか、そういう活動をすること自体も学習ですよという学習の概念そのものも広げていく側面があります。高齢者の実態、生活に即したかたちでもう少し豊かな学習概念を広げていく、机に向かっていた学習から徐々に地域に開かれたものへスムーズに移行していくというカリキュラムができてくるのではないかなという気がします。

ある調査によりますと、高齢期になって地域活動に熱心に取り組まれる元企業人の方というのは、四〇代くらいから企業に生活に半身に構えていて、出世はそれほど考えなくなり（笑）、逆に地域のことをその段階から考えておられた事があると、もう少し高齢期になる以前の職場人間に対して働きかけをすることによって、なにも会社のなかで出世することだけが人生を豊かにするものではないですよという、そういう働きかけができていくというのも面白いかなという気もしますね。

藤田綾子：ここの高大は、元々の大阪府老人大学から何を撤廃したかというと、年齢制限と、受講生の居住地による「地域」の制限を撤廃してきたことです。「地域」を撤廃した訳だから、地面の地というのにこだわる必要はないと私は思っています。いま堀先生が言われたように、歴史を勉強することが好きな方が、例えば佐賀の博物館で歴史のボランティアをしている人の話を聞いたんですが、その話は学校時代に聞きたかったねというくらい、ほんとに豊かに説明してくれた人がいたんです。そういう意味では、ここで学んだ知識の知を媒介にした活動というようなものに、広域行政の中で高齢者の人たちが集まって、地面や地域割でなく、もっと知に憧れてここに来ておられるわけでそれをキーワードにした活動というようなものを高大はすべきだと思います。

大阪府老人大学が大阪府からなぜ切られたかというと、市町村が既にやっているのに何で大阪府という広域行政がやらなくていけないのか、同じようなことをやっているのだからという理由からでした。だから折角地域というのを取っ払ったものに志向していこうとする高大の中では、地域の地面にかえるんじゃなくて、知というものを一つのキーワードにして集まり、そこで何をしていくのかというような活動志向性みたいなものが、私は必要なものではないかなと思うんですね。

もう一つは先ほど堀先生が調査の紹介の中で言われたんですが、この調査を見ていくと、高大に来られる人たちは、アクティブに動こうとして来られている人がほとんどかなぁと私は初めに思っていたんですが、実際調査してみると、一般平均の地域の人たちよりもむしろ、何もしたくないというか（笑）、むしろ勉強したいというか、そういう人たちが非常に多いということがはっきりとわかったんですよ。週一回で一年間というのはやっぱり、何かをやろうというところまでの人間関係と動機づけには、ちょっと少ない時間なんじゃないかなと。次の二年制とか、三年制とかそういうものを考えるようなコースも作って、深めていく必要もあるのではないかと思っています。

堀　薫夫：藤田先生の話につながりますが、地域という概念そのものをもう一度見直す必要があるんじゃないかということでした。特に二一世紀に入ってからＳＮＳ（ソーシャル・ネットワーク・サービス）とかの普及の中で、地域は英語でコミュニティと言いますが、インターネット上のコミュニティとか話題とか、そういう形でのつながり、まとまりが出てきて、そういうものもコミュニティです。地域とどう関係するのか、地域というのは必ず地に足がついたものでなきゃいけないのか、ネット上の空間であってもそこを地域と呼び、それを媒介として貢献するような新しいタイプの地域づくりというのも可能じゃないか。現実に若者たちはそういう方向に向かっている人も多いのではないかということもあり、地域という言葉の意味も、もう一度考え直す必要があるのではないかと思います。

老人クラブのデータの件ですが、大阪府では一六％くらいと聞いていますが、一つの原因は学習や教育の軸を非常に弱く置きすぎた面があり、やはり学習や教育というものを通して、自分が高まり伸びていく、つながっていくという喜びが持続性に発展していくんじゃないでしょうか。それが交流と親睦に柱に置き過ぎたのではと思います。

また、老人大学とか高齢者大学というのは欧米ではほとんどないですね。高大は第三期の大学という形で、どちらかというと既存の正規大学との関係の中で向き合ってできています。そしてもう少し若い層から働きかけている。五〇代からという特徴があります。片や一般の大学の方でも高齢者・シニア層を迎え入れるような、仕組みができつつあります。そうするとやっぱり既存の大学と従来からの老人大学、高齢者大学とがどこかでつながっていき、交流し循環しあえるような仕組みが大事かと思います。兵庫県など比較的そういうシステムを取っていて、正規の大学のシニアコースが終わったら地域の高齢者大学に行き、また大学に戻ったりという循環が考えられています。やはり正規の大学のシニア向けのコースといったものとの連携も射程に入れておかれた方がいいんじゃないかと思います。

佐藤眞一：いままでお話を聴いていて、高齢者大学とかシニア大学に入ってくる方たちの目的というのは、学習をするということですよね。講師の先生が来て、そこで勉強してというのがあって、大学校側はそれを提供するのがミッションな訳ですよね。つまりこれまでは高齢者大学、シニア大学はこういうことを目的にやってきたけれども、これからは元気な高齢者もこれだけ増えているし、希望する人も一年間に二七〇〇人、二八〇〇人もいるという時代なので、今までとは少し違うところにミッションを置くということを整理しておくのがまずは必要かなと思います。その中でいろいろなコンテンツが決まっていくのかなと、いままでのお話を聴いていて、そう感じました。

3　社会参加活動とカリキュラム

藤田綾子：ミッションとして、勉強したいから来ている、勉強したいから来ているんだから勉強させておけばいいのではなくて、やはり学習という福祉から教育機関に変更する、佐藤眞一先生が言っておられましたが、その中でどうカリキュラムをつくって態度変容させていくのかということですね。高齢者大学のあるべき方向性に向けて、どうやってその人たちの考え方を少しでも変えていけるのかという、カリキュラムの問題あるいは教育方法の問題のところが、これから問われていくだろうなと思います。

もちろん楽しむということは大事ですが、そこからしかスタートできないかもしれませんが、楽しんでいるだけではなく社会に、二六%という高齢者の人たちがどう生きるのかというようなことを、やはり権利と義務の、楽しむのは権利であり、義務としては社会の一員としてどのように生きていくのかというところで、どうカリキュラムの中で変容できるのかという必要性が問われている部分はあると思いますね。

堀　薫夫：二一世紀になって介護保険制度が導入される中で、介護状態にならないということで介護予防という概念が出てきました。介護予防というのは福祉行政の用語ですが、健康な高齢者に対して働きかけをしていくことになります。その介護予防の一つの重要な柱に、精神的な健康づくり、そして学習や教育がそこに収まる。だから福祉の中に生涯学習が入ってしまうという、入れ子状態の中でいまの施策は進んでいます。しかし、ほんとうにその流れでいいんだろうかということで、医学や福祉、いわゆるリハビリテーションのモデルで高齢者を見ているその高齢者観というのか、教育観というのか、それをどこかで一点突破していく必要があるんじゃないか。多くの場合、教育と福祉は合致するし、当然福祉やリハビリテーションに包摂される部分はものすごく多いと思うんですね、行政的には。でも、包摂されない側面があると思います。では福祉や医療に包摂されない教育や学習ならではの役割って何なのかなとなったときに、やはり一つには主体形成というんでしょうか、福祉医療モデルはどうしても高齢者を受け身、ケアの受け手というんでしょうか、支援の対象として扱われてしまいますね。

それに対して自分たちが仕掛人になって高齢者による地域づくり、社会参加、学びの内容づくりという、学習の担い手になっていくというこの軸がやっぱり、教育や学習の一つの柱になるのではないかと思います。そういう点において、みなさん方がボランティアとして高大を運営されているということは、まさに福祉ではなく、基本的には教育の論理として貫徹されたものになっていいます。そこを突き詰めていくと、高大独自のカリキュラムなり、学習支援の仕組みというのができ上がってくるんじゃないかと思います。自分たちが主役であり、高齢者が主役になっていくという形の高齢者観と教育観を軸にしてカリキュラムを組んでいけたら、より発展的じゃないかなと思います。

藤田綾子：高大はこれからどういう方向に向かっていくのかというと私は、やっぱりお金を稼ぐようにならないと本当の自立というか、ボランティアの精神は非常に大事なんだけれども、できたら稼げるようになっていって、将来的には株式会社大阪府高齢者大学校でもいいじゃないか。ボランティアではなくて、なにがしかの給料をもらってそこで働けるような組織になってほしいし、なるべきなんじゃないかなと思っています。

（柏木　宏・佐藤宏一・佐藤眞一・陳　礼美・藤田綾子
古矢弘道・堀　薫夫・三田保則・和田征士）

第12章　座談会②　自分の学習（楽しみ）と社会貢献をつなげるカリキュラム——社会参加促進に向けた挑戦

司会（古矢弘道：以下同）：本章では、まず社会参加に結びつくカリキュラムの手法についての議論から始めたいと思います。ＮＰＯ法人大阪府高齢者大学校（以下、高大）の受講生の中には社会参加活動というよりは、「趣味」とか「仲間づくり」などに目が向いている人が多いんですね。高大でもカリキュラムは午前に非常に力を入れて、午後にそのような活動をするというメリハリが不足しているとの反省点があります。

第一一章では、高大の独特な運営形態がどのような背景で生まれたかを紹介していただき、次に高大のミッションである学習の成果を地域社会に活かす手立てについて意見交換をしていてだきました。本章では、経験豊かな高齢者がこれまで培ってきた知識・技能をどのように活かせるかのか、またすでに活動されている人の活動経験をいかに高大のカリキュラムなどに反映させることができるのかについて、議論していただければと思います。

1　社会参加に結びつくカリキュラム

陳　礼美：社会参加というのがキーワードになるかと思いますが、私も教育の現場で、福祉の学生の養成の中で社会参加を促すというのは重要な仕事の役割の一つですが、高齢者の場合は健康状態に大きく左右されると思うんです。それぞれの背景に合った環境を整えるというのは重要だと思います。段階的に社会参加に近づけるようなカリキュラム作りをしているのですが、一回生の授業の中では、模擬レベルで、社会参加を擬似的にクラスルームで経験させます。たとえば子どもたちを呼んで、彼らと触れ合って、読み聞かせなどをさせるというように、社会参加という言葉だけではなく、人それぞれに合った、段階的な社会への関わり方をカリキュラムのなかで作ったらどうかと思います。

もう一つは、ロールモデルというのが必要ではないかと思うのです。高齢者で社会参加をうまくやっていて、よい経験をされている方とかが見えるような形で提示できたらいいなと思います。

佐藤眞一：社会参加とは何かというそもそもの問題ですが、社会とは何かというのを単純に考えて、国という問題が一つあると思うのですね。インターナショナルにもサイトがいろいろありますし、国の政策レベルの問題、それといわゆる世の中、私たちがテレビのニュースで知るような社会の出来事、あとは自分たちが住んでいる地域共同体の目に見える身近に触れる世界、高大であれ自分の住んでいる町内会であれ家族であれ、ともかくこのような共同体の三つのレベルを考えた場合に、どの社会参加なのかということを考えておく必要があると思うのですね。

社会参加という曖昧なままではなくて、具体的にどのレベルへの社会参加なのかということを考えたらいいのかと思います。

司　会：元々は社会貢献という言葉は、結果として後からの判断要素になると考えられ、受講生に対する言い方を含めて変えてきています。例えば社会参加意識にはバラツキがあり、福祉関係に来られている方は目的意識が強いのでスーッと入って行ける。しかし、他の科目の人は「なぜ社会参加しなければならないのか」ということになります。このあたりを段階的にやることを含めて、いろいろやり方があると思うのですが、いかがですか。

堀　薫夫：さっき陳先生が言われたロールモデルということですが、会社人間とか家庭人として高齢期まで過ごしてきた人にとっては、イメージがないのではないかと思うのですね。社会参加して地域で活躍している高齢者の姿を何らかの形で伝えるという、具体例を提供するということが必要ではないかと思います。アンケート調査をすると、地域の史跡巡りなど自分の足で実際にその場を体験したいという方も多かったですから、たとえ歴史の勉強だとしても、ガイドとして地域を回って人々と触れ合うという社会参加の形はいっぱいあるわけですね。

だから教室は高大の建物の中だけではなくて、地域そのものも教室になっていく、カリキュラムそのものも地域とつなげたものにしていって、そこで地域の人々と触れ合う機会を通じて社会に開かれていくのではないかなと思うのです。こういう魅力的な生き方もありますよと新しい生き方のいくつかの選択肢を提示していくのも大事ではないかと思います。

陳　礼美：堀先生がおっしゃっているアクティブラーニングに賛成で、社会参加の選択肢として小さなスケールでもいいからいくつかのプロジェクトを用意し、それに参加して成功体験を味わってもらうというのも一つのきっかけになるかと思います。私は学生を見ていてそう思うのですが、学生たちは、経験して初めてこれは素晴らしいなとわかることもありますから、アクティブラーニングというのも一つの方法だと思います。

司　会：語学をしている人はガイドとして英語通訳で、大阪城で全部の通訳するのではなくて一つで良いから英語で説明するように提案するが、一律でやらそうとする。そこまでできないと通訳はできないという想いが強すぎて、段階的にやっていくことを考えて上手く導いていくことが大事かなと思いますが。

藤田綾子：高大は、高齢者による高齢者のための学習機関ということですから、「高齢者による」「高齢者のための」「学習機関」というキーワードを三つに分けて考えていく必要があると思います。私は、四本くらい柱があるかと思いますが、一つは、生きがいを作っていくようなものですね。引きこもりがちだった人がここに来るようになって、一歩でも前に出られたらいいなと思うし、生きがいのなかにも趣味とかボランティアとか、就労というのもその中に含まれてくるような生きがい対策になります。さらには、健康維持、介護予防というもので、ここに来て健康になるということですね。

以上は個人的レベルではそうなんですが、三番目としては、ここに来て新しい縁、絆が生まれて、そこから新しい活動ができるような目標、アウトプットが出てくる、そして地域ですね、地域が抱える課題をどうやって解決するのかということが一人一人の問題意識のなかで生まれてくる、そういう人が育ってくればいいなと思うのです。

結局最終目的は個々人の「QOL（生活の質）」をどのように高めていくかというのであって、社会参加はそのための一つの目標値だと個人レベルでは言えるんですね。しかし組織として高大の存在意義を問う場合、個人個人のQOLではなくて、高大として社会にどう位置づけるかということを強く言うと、高齢者の人が退いていくような感じがあるのです。まずは個人の問題としてカリキュラムをどうもっていくのかを考えるべきだと思います。段階的にというのはわかりますが、目標値をどこに定めるかというのが大事で、そこは堀先生とちょっと違うかもしれませんが。

堀　薫夫：カリキュラムと簡単に言われますけれども、ではプログラムとどこが違うのかということです。プログラムというのは一つ一つのアクティビティのかたまりを提供している、カリキュラムというのはその背後にそれを貫く理念というものがどうしてもあるということなんです。それが藤田先生が先程から言われている目標ということになり、この目標というのも学校教育の場合は大人の生活への準備というかたちで多くの場合収斂していく、子どもたちがいずれ大人になるのだからこれを学んでおきなさいということができますが、その論理が高齢者教育の場合は通用しない。そうなったときに、高齢者の生活に即して、教育や学習を通じての目標とは何かが設定されるのかという問題になってくるかと思うのですね。

それが社会参加というのもいいのだけれども、そこを通じてさらに先がまだあるんじゃないか、それが個人の幸福であったり生きがいであったりするのかもしれませんけれども、そう簡単に結論が出せるものでもない。これまでの学校教育、教育論の目標としてきたものと大きく異なる高齢者の生活に即した目標設定であり、当面は社会参加を媒介の一つとしてその先にどこまで見据えていくのかというのが、これから議論していく問題じゃないかなと思います。

司　会：高大は、社会参加を積極的にやる土壌づくりとそっちの方へ重点を置いた方が良いと考えます。社会参加の経験を積んできた方がおられるので、皆が同じ方向でないということではなく、多くの人がそっちの方に目を向けて貰えるようなプログラムが受け手にも受けやすいのではないかと思います。今は社会への参加活動という柔らかい言葉に直すべきか、やっぱり社会参加を前面に出した方がよいのかと考えますが……。いかがですか。

2　社会参加活動の必要性と課題

佐藤宏一：佐藤眞一先生が社会参加とは何かということを言われましたが、高大はいま社会への参加活動をキーワードとしてカリキュラムに謳っています。もう一つは学習としての社会参加活動を言っていて、本科があって実践研究部をつくって、本科は社会への参加活動、実践研究部はレベルを上げて学習としての社会参加活動ということをカリキュラムに取り入れたのが二〇一三年くらいだったかな、組織的に教務部を二つに分けてそういうかたちをとったんですよね。ところがいま現場を見ていると、本科といっても三年も四年もいる人たちと新しく入ってきた人たちとは個人のレベルでも違いますね。

個人的な自分の気持ちをどう持って行くかが出てくる、これが今の高大のいちばんの悩みだと思うのです。受講生にとっても悩みです。たとえばスキルアップの講座なんかの場合は、自分が楽しければいいわけですから、社会活動という言葉で表現していいのかなと私は思いますね。自分の身の丈に合った、少しでも社会に役立つ活動を考えましょうというのが、私たちが研修会などでも言っていることなんです。だから学校運営という意味で、受講生に来ていただかねばならない学習プログラムを提供しないといけないということもあります。

司　会：私たちも東京に行き、千葉シニア自然大学や千葉県生涯大学の方々といろいろ意見交換しましたが、社会参加はどこもうまくいっていないということと、福祉関係は人が集まらない。これは高大に限らず全国的にそういう傾向が非常に強い。そんな中で社会参加をどううまくやるか、福祉関係の目的意識を持った人をどう集めるか。高大に限らず日本全国的に課題があるのではないかと思っています。陳先生、アメリカはどうなんでしょうか。

陳　礼美：社会参加するシニアを育てたいというのが明確であったら、それはポリティカルな言葉であって、強い理念をもって打ち出すべきだと思います。ディプロマポリシー（教育課程編成）のところをはっきりさせて、アドミッションのところも明確にする。アメリカですと、ニュースクールといって、一九六二年に始まったモデルで、入学するときに二日間かワークショップがあって、こういうことで学びに来ているんだよと頭の中に植え付けて、それから勉強してもらうというふうに、生涯学習の意味をしっかり理解してもらっています。

NALC（ニッポン・アクティブライフ・クラブ）という団体もご存じでしょうか。NALCというのは全国でやっている高齢者の時間預託のボランティア団体ですが、そこも理念がしっかりしていて、参加されているどのシニアの方とお話しても、理念をしっかり理解されているから、自分はこういう理由でここにいて、こういうことをしているんだと了解し、みんな長い間続けられています。だから社会参加とおっしゃっているのでしたら、どのようなレベルのものであれポリティカルな話であって、団体、オーガニゼーションとしてそこはやはり明確にして訴えていかないといけないし、カリキュラムに反映させていかないといけないのではないかと思います。

ある程度国が成熟してくると、その国の国民の求めるものは、ただ参加してというだけではなくて、その有用性、自分がこの社会でどんな意味をもつか、生きがいにつながってくると思います。そこのレベルに日本は来ているのではないかと思います。

三田保則：以前「日本経済新聞」の夕刊に元厚生労働省事務次官の村木厚子さんが「粋にボランティア」ということをコラムで書いておられました。この意見のポイントは、シニアになったら心から好きなことを楽しくやる。そしてその延長にボランティアがあるという意味合いだったと思います。ただ外部から与えられるだけでなく、自らが選んだカリキュラムに組み込んで学んでもらうかというふうに私は思います。

高大では午後のクラスミーティングというカリキュラムがあり、基本的には午前中の講座の振り返り、あるいはイベントとしてのスポーツ交流大会、高大祭とか社会参加活動の企画をしていただく主体的な活動に充てている。その中で受講生各人の意見とかアイディアが出てきます。こうした学習を通じて人を知り仲間ができるのではないか。なおかつ、自分の得意な活動分野でイベントに参加していただくことができれば、将来的に社会参加の準備になると考えています。

柏木　宏：社会参加というと、アクティブラーニングとかなり関わらないといけないというイメージがあります。別の言葉でサービスラーニングというのがありますよね。小学生とか中学生が音楽を習って高齢者の施設へ行って歌を歌ってきましたというのもサービスラーニングになるようなところがあります。そういうふうなところまで敷居をぐっと下げるとすれば、ボランティアとして絵を描いたり写真を撮ったりと言いましたけれども、それもどこかと提携しないと難しいでしょうが、幼稚園かなにかで子どもと一緒に絵を描くのを手伝いましょうと、それくらいのことだったらできないことではないと思うのです。

全員がパーフェクトにということではなくても、人の絵も批評してみたいとか、機会があれば教えてみたいとかいうのが普通ですから、社会貢献を社会参加に変え、社会参加を社会見学に変えるみたいに、アクティブラーニングをサービスラーニングに変えるとか、ある程度敷居を低くしつつも目標というのは変えないで、入口のステップを低くしながら上に昇っていけるような形を考えるのもあり得るのではないかと思います。いろいろ方法はありますが、それを開発するには結構手間暇がかかるので、それをどうするかはまた別問題ですが。

司　会：それで高大ではまだ社会参加の意識を芽生えさせるというところまでいっていないということで、今回のＤＤＳ（同期同窓会）とＫＯＵＤＡＩ　ＡＷＡＲＤという、テーマに移りますが、これについて和田さん、少しご説明お願いできますか。

和田征士：ＤＤＳというのは、各クラスまたは班単位の仲間が同窓会を作っています。そこにプラス何か社会に恩返しをというのが出てきたらいいなと思っています。私はいまのボランティア活動比率を三一％から一〇〇％にしたいと言っているのです。社会参加を前面に出したらみんな嫌がりますが、気がついたらそれをやっていたというふうになったらベターだなと思います。

ＤＤＳの人が実際何をしたかという発表を、いまの新入である八期生が囲んで次から次にやるんです。そしたら誰か真似する人が出てくるだろうと。高大には『れいんぼー』という年に四〜五回発行している広報紙がありますが、ＤＤＳの発表を掲載する予定です。そしたらそれを見て自分たちもやってみようという雰囲気を作りたいと思っています。

司　会：ＤＤＳ活動をステップアップした社会参加活動を実践されている個人またはグループに対して顕彰する制度、ＫＯＵＤＡＩ　ＡＷＡＲＤを高大で二〇一六年度より実施しました。他に、この事に限らずもっともっと社会参加を進めていきますということで、ＫＯＵＤＡＩ　ＡＷＡＲＤについてご意見があればお願いします。

3　ＤＤＳやＫＯＵＤＡＩ　ＡＷＡＲＤをとおしての社会参加

堀　薫夫：先程の話に戻るのですが、受講生が講師になる筋道というのが、いちばん近い道の社会参加ではないかと思うのですね。千葉県佐倉市の生涯学習機関では、四年制コースなんですが、上級生になると下の学年の人を教えるという、学び合い教え合うという仕掛けがあって、なんらかの形で自分の持った知識を次の入学生に伝えるとか、その中から誰か、一般的な講師ではないかもしれないけれども、広い意味での講師の経験をしてもらうとか、そういう形があったら、アカデミックな勉強をされている方も、狭い意味かもしれませんが、社会参加の道が開かれていくんじゃないかと思います。

実験的コースみたいなのがあって、受講生が自分たちでクラスを作っていくという取り組みも、あってもいいかなと思います。

陳　礼美：ニューヨークのニュースクールの場合、大学の中の高齢者向けのものですが、自分たちが講師をやるというスタイルなんですね。それはいいなと思いますね。私も、横浜の中華街で、高齢者のために太極拳のサークルを始めたんです。健康維持と仲間づくり、場所づくりということで、太極拳の日本代表の佐藤直子先生をお招きして、一年間教えてもらったんですね。これからは佐藤先生がいなくなりますよ、自分たちは自分たちで教え合いなさいと言ったら、すごい批判と反感が上がりましたが、佐藤先生がいなくなった後、自分たちで教え合いを始めたのです。高齢者の積極的な社会参加につながりました。そして、そういうプログラムが持続可能性にもつながっています。運営費の話もされていましたが、お金がなくても、高齢者が主体的になって持続可能な活動にしています。

藤田綾子：この高大ができたのもそれですよね。行政が手を引いた結果、こういう立派なものがつくられた。みんなは心配していたと思うのですが、結果としてはきちんとしたこのような立派なものができ上がったのですね。

修了生が運営しているわけですから、意外とリスクはあるかもしれないが、退くことによってそういうものが生まれる可能性がある、期待をもつ必要が自分たちの中から学んだかなという感じですね。

司　会：目的意識のある人たちはそのアクティビティな体験学習はされているんですね。そういう人たちはドンドン進化していく。ところが目的意識がなく、自分の地域でどんな組織があって、どんな活動をしているか、そういうことがわかっていないし、知ろうともしない。その辺の情報をもっと午後の時間にインプットして、例えば陳先生が言われた施設確保や体験をして、何か得るものがあれば社会参加への関心を持つ人が増えるのかな。カリキュラムとしてやるべきかなと思うのですが。

4　社会参加活動型カリキュラムへ

柏木　宏：ＫＯＵＤＡＩ　ＡＷＡＲＤに関してですが、ここは大学校と銘打っているので、修了すれば修了証みたいなものは出すのでしょうか。

司　会：修了証は出しています。

柏木　宏：出すわけですよね。花より団子ではないけれど、花がほしい人もあれば団子がほしい人もあって、賞状というのはどちらかというと花みたいなものであって、自分にとって存在価値を認めてもらえるようなものだと思いますね。ＫＯＵＤＡＩ　ＡＷＡＲＤというのを、必ずしもお金を出さなくても、賞状のようなものを導入して社会参加を促す、ステップアップして何時間これこれに携わったという人であれば、年度末に表彰するとかがあれば、また自分もという人も出てくるかもしれません。ちょっと勉強したいと来る人には普通じゃないかと思います。学び方によっても人が変わっていく可能性があるでしょうし、変え方をどう提供するかというのは、運営者の方の力量にかかるでしょうね。

ＫＯＵＤＡＩ　ＡＷＡＲＤという言葉を使うかどうかは別にしても、退職してしまうと、あるいは家庭にいても子どもが育ってしまうと、なかなか自分の存在価値を感じられる場所や機会がどんどん減ってきますから、そういうときに自分が何なのかを外から認められると生きている感じというのは湧いてきますよね。たとえば、クラスディレクター（CD）になると任命証や委嘱状みたいな紙一枚でも、自分がなにか役に立っているという感覚が形で見えるようなものが大事じゃないかと思います。アメリカではやたらそういうことをやっています。そうやってお互い認め合う、やったことに敬意を払っていくというのは、なにか残るモノで安心感を得るわけですから、今あるものに組み込んでいくことで、少しでもコミットメントとかロイヤリティとかやる気というのが高まっていけばいいかなという気がします。

藤田綾子：宝塚のNPOではボランティアをしてくれた人がたくさんいるので、総会のときに感謝状を渡しています。学校ではボランティアを単位にしているところもあります。ボランティアを、登録制にして、実績の証明があれば、修了のときに何時間以上の人は表彰するとか、皆勤賞とか、社会活動をした人、ボランティア賞、賞状と粗品、ランチとかなにかをするのもありかなと思いますね。理事とかと一緒に食事をするとかで組織の情報も入ってくる、ちょっとした喜びもあると思いますね。

司　会：いずれにしても、元気なシニアがシニアを支えると、私たちも言っていますが、元気なシニアが社会貢献とか社会参加に目覚めてもらわないといけないわけです。身体だけが元気でも社会活動をしないとシニアとは言えないので、活動するから元気なのか、元気だから活動するのか、鶏と卵のような話ですが、いろいろ考えるべきことがあるかなと思います。

5　受講生の意識改革に向けて――明日への提言

司　会：本日の「第二回　座談会」、貴重なご意見、提案などいただき、ありがとうございました。最後に一言ずつお願いします。

藤田綾子：高齢者による高齢者のための学習機関としてここがあるとしたら、学習機関としての位置づけをどういうふうに考えているのかというところが、いまのところ少し欠けていたかなという気がします。四七の各市町村から一人ずつでも来ているのは、これは立派なことだなと思います。老人クラブの会長をしている人などを積極的に受け入れるとか、ボランティアをやっている人を受け入れて、そういう雰囲気をつくっていくとかあると思います。アドミッションの部分ですね、これについてもう少し議論が必要だったかなと思います。

堀　薫夫：こういった高齢者教育の実践の場というのは、世界的に見てもほんとに最先端なわけですね。平均寿命が世界の最先端であり、そして量的にもこれほどの取り組みをしているというのは他の国を見渡してもそんなにないということです。是非考えていただきたいのは、いま団塊世代が六〇代後半であって元気な高齢者が多い。これから一〇年後、団塊世代が後期高齢者になっていく。その場合、七〇代中心の、あるいは七〇代後半の学習支援のあり方をどう考えるのかということですね。

これは今まで人類が考えてきたことのない課題なので、その段階になってなおかつ社会参加というときに、これまでの団塊の人たちの活動とどう質的に異なるのか、これから五年、一〇年先、受講生の平均年齢は上がっていくし、ニーズその他いろいろ変わってくる側面の中で、その動向を踏まえ、社会貢献、社会参加のあり方とは何だろうということですね。

もう一つは、講師の問題です。高大の場合は受講生の話を聞いていると、ものすごく講師に関する情報が出回っていて、何を勉強したいかというより、あの講師は人気があるから行ってみたいという形でリピーターが増えている。やはり講師の教え方もそうですが、人柄というか人を惹きつける力や、この人の人気は何だろうかということを考えていくことも大事なことだと思います。優れた講師の資質や、単にどこの大学の先生だからと機械的にとらえるだけでなく、やはり人柄的な要素というのは最終的に残っていくというのは欧米の研究にもあります。講師の魅力、それをどういうふうに活性化するのかといったことも併せて考えていくのも面白いかなと思います。

佐藤眞一：私も気になったことがありまして、高大の受講生には入学動機があると思うのですが、学習してその成果を社会に活かすという、それが動機になる人はあまりいないと思うのですね。しかしそれを高大の目標の一つとして持つためには、高大の中である種の価値の転換というか、興味の関心を別のところに向けていくという学びが必要だと思うのです。

社会見学というのはその一つの重要なやり方だと思います。それは私たちの心理学の言葉でいうと、動機ができたということで、最初はこういう動機がなかったんだけれども、学習の中で社会に貢献するというのも自分の行動の動機づけの一つだと思ってもらう、その動機付けの高まりが次の段階の行動に移っていくわけで、抑制要因より促進要因が高まらないと人は行動しない。だからもし高大の人たちが学んでも行動に至らないとしたら、そこには強い抑制要因がかかっている、それを解明して、促進要因のインセンティブがより強くなってくれば人は行動すると思うのです。高大がどういう仕掛けをするのかと言いましたが、高大側がこういう内容で貢献をしてくださいというのを、インセンティヴとか、KOUDAI AWARDとかの促進要因を考えていかれたらなと思います。

陳　礼美：私は二つ言いたいことがあります。一つは、この座談会の最初のところで言ったように、ロールモデルというのが大事だと思うし、そのためにアワードというのは効果的だなと思います。私の福祉の業界もそうですが、「どう見えるか」「どう見せるか」というのが大事で、コミュニティに認めてもらうことがとても大事で、認められることで高齢者も喜びがより大きくなるのではないかと思います。もう一つは、これからの高齢者、団塊世代以降の人々ですが、団塊世代の人たちは格好いいことが好きだと思うんですよね。アワードをもらうというのは格好いい、クールじゃないといけないと思うので、そういうことも考えないといけないのではないかと思います。

最後に申し上げたいのは、将来の高齢者のことを考えると、デジタル・リテラシーというのは重要だと思いますね。ICT、コンピューター、インターネットを使えるというのは大切で、社会参加するといってもどこにどのようなものがあるかというのがわからないのですが、インターネットを利用すればいろいろな活動があることがわかります。そういう意味では、高齢者たちもインターネットなどを使いこなし、情報を受け取れるようにしておかないといけないし、将来介護とかが必要になったときロボットを使う社会になるので、そういう意味ではコンピューターとかテクノロジーに親近感があった方がいいのではないかと思います。

柏木　宏：学ぶ先に社会につながるようなことを考えていくということは、やはり大事ではないかとは思います。

認定ＮＰＯ法人を考えるときには、高大そのものが認定ＮＰＯ法人として取っていくのか、高大の別組織として認定ＮＰＯ法人を取得する機関を設けて行うのか。要するに、金を動かす部門と学習をする部分を分けていくこともあり得ると思うんですね。ただその場合、もう少し幅の広い事業にお金を出すようなことも考えていくと、より視点が広がった受講生が増えてくる可能性もあるかもしれないと思いますね。

お金の行方を有効にして、社会に還元する仕組みとして高大のそうした一種の基金づくり、ドナー・アドバイズド・ファンドというのは、ドナーが何の目的に使いたいかということを指定する、それによってお金を出していくということですよね。

認定ＮＰＯを取ってそれの上でお金を集め、うまくドナーの意思を反映させることができるのか具体的に考えると、もっと実態としていいものが出てくる可能性があると思います。

シニアコミュニティ財団というかたちでシニアに関連したもろもろの事業とか人々に対して貢献するためのお金を集める土台ですというと、現在よりもっと広い範囲でお金が集まってくる可能性があるかなということですよ。その種を高大が撒いているというふうなイメージにしていくと、また違った高大のイメージとか高大の社会貢献とかいうことを受講生の人たちにも、ある意味、説得力を持つ部分も出てくると思います。

司　会：本日は、長時間にわたり、また貴重なご意見やご提言をいただき、ありがとうございました。

（柏木　宏・佐藤宏一・佐藤眞一・陳　礼美・藤田綾子
古矢弘道・堀　薫夫・三田保則・和田征士）

第13章　NPO法人大阪府高齢者大学校の目指すところ
——高齢者が社会をサポートする

NPO法人大阪府高齢者大学校（以下、高大）は運営理念として「学習する」を基本に「仲間づくり」「健康づくり」を掲げ三本柱としています。それに加えて社会への恩返しのため、積極的な社会参加を行い、そして地域・社会への貢献を促がしています。しかしながら、社会参加・福祉を前面に出しますと受講生は抵抗感を感じたり身を引くところがあります。やはり趣味拡大・深耕が大勢を占めているのが実態です。ボランティアへの関心が低いのではなく、学習・趣味・仲間・健康の方に目が向いていくのでしょう。

超高齢社会は到来しており、シニアがシニアを支えていかないと日本は成り立っていきません。後述しますが、関西シニア大学校で共通の認識に立って、社会や地域に参加し、貢献していこうという思いや行動がだんだん大きくなり、日本中に広がり大きな「うねり」となることを期待しています。

1　学習そして実行・実践へ――社会への恩返し

高大は一年サイクルが基本形です。一年間で修了式を迎えます。リピーター（再履修者）は別として受講生が学習の成果を修了後、如何に活かすか、活かすようにしていくかを高大としてフォローしていくことにより修了生への期待は大きくなります。修了後、受講生の相談窓口になったり、どこへ行ったらいいか、どういう活動の場があるのか、どういう人達がやっているのか、場合によっては場所を提供したりする担当部門が必要になってきます。シニア・高齢者がこれまでに培ってきた経験や知恵、価値観を社会に還元したり、活かせないかを考えてきました。それを実行するための組織、しくみをつくりました。高大内に、ＢＳＣ（BRIGHT・SENIOR・CENTER＝明るく輝く、元気なシニアの相談部）を設置しました。そして、この中にVOLUNTEER concierge（よろず承り部）とＤＤＳ、ＫＯＵＤＡＩ　ＡＷＡＲＤ部の二部を置き、社会貢献を促します。VOLUNTEER conciergeでは校友会九団体（四〇〇〇名）内にもVOLUNTEER conciergeを置き、受講生がいろいろな事を相談できる体制にしました。

（1）DDS（同期同窓会）活動

高大では校友会という高大修了生で作った同期同窓会の連合組織があります（第3章参照）。最近の傾向として、高大修了後も同窓会活動より高大に魅力を感じて高大を再受講する人が多く、高大としては高大修了後の魅力ある社会（地域）での活動の場をもっとバックアップしていく必要があります。そういう意味でこれまで自主性に任せていた同期同窓会に対して、手を差し伸べ接点を持つことにしました。趣味を中心としたグループ活動であっても社会的に何か役に立つことをすることを条件に助成金を出すことにしました。同期同窓会の中で社会貢献を実施する団体をＤＤＳと称しています。

二〇一六年度のＤＤＳ助成金申請のうち五二件が許可され、約五〇〇名が参加しています。これが牽引力となって校友会の活性化と底上げを図り、「社会・地域への参加活動」を促進することが期待されています。毎年春に受け付け、審査し翌年の冬に発表会を予定しています。発表会は新年組が周りを取り囲んで見学する形をとります。これは新年組への動機づけ、ＤＤＳ活動の参考のために実施するものです。

（2）ＫＯＵＤＡＩ　ＡＷＡＲＤの実施

高大受講生及び修了生を対象として、社会参加（貢献）をしながら地域社会・施設・福祉・子

図13-1　地域活動経験有無（2014年実施の高大受講生アンケート結果）

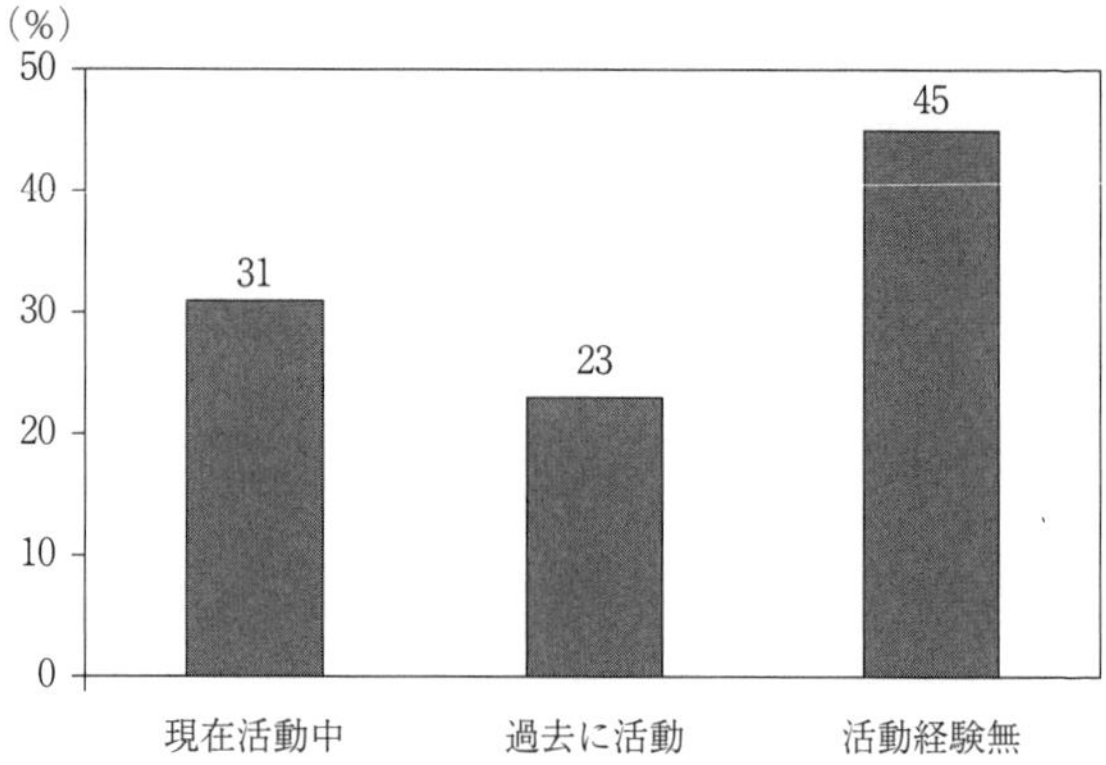

出所：NPO法人大阪府高齢者大学校資料。

ども教育、おもちゃづくりなど、大阪府民・市民のためになることを一年間以上にわたって活動している個人・団体に対して、その社会貢献、業績、ボランティア活動を顕彰・表彰するものです。

高大では各教科でのカリキュラムによる社会参加活動を年間三回やっていますが、クラスによっては上手く運営されていない場合もあります。社会見学が多く、何をやってよいか悩んでいるクラスディレクター（CD）、クラス委員長がいます。マニュアルはありますが、実際はよく理解できていない人がいるのが実情です。社会参加・貢献というと抵抗があり、身を引くところがあります。このKOUDAI　AWARDをやることによって受講生に良い刺激を与え、参考になると考えています。高大生だけでも相当のボランティア活動を実施しています。二〇一四年の高大内部調査（図13-1）では現在ボランティアをやっている人は三一％、過去やったことがある人が二三％で、合計すると、経験ありが五四％、全くないが四五％でした。日本全体の平均一五％と

表13-1　SA（シルバーアドバイザー）養成講座修了生のボランティア活動と内容（アンケート結果，2016年）

活動分野	活　動　内　容
環　境	・地域で清掃活動・大阪グリーンコーディネイター・里山保全，竹林整備・雨水利用を目的とした雨水水槽の普及・水環境保全・人工池の自然回復，外来植物駆除・丘陵パーククラブレンジャー・クラインガルテン（花，野菜）
国　際	・外国人との交流・日本国際交流財団地区委員・韓国語の通訳・外国人とのパーティーゲスト・日本語教室ボランティア・ケニアで植林，井戸掘り・日本語実践会話ボランティア・識字多文化共生学級
地　域	・大阪市地域公共人材・地域の施設ボランティア・地区組織の運営・交流ふれあい・地域婦人会活動・老人会活動・ウオーキングガイド・観光ボランティア・歴史博物館ガイドボランティア・くらしの今昔館ボランティア・地域でふれあい喫茶・地域活動（イベント，コーラス，病院）・生涯学習交流サロン・老人会への健康体操指導
社会福祉	・SA活動（おもちゃ，ディスコン，歌体操）・バルーン教室・傾聴ボランティア・高齢者食事サービス・施設で（手芸，折り紙，押し花，フラダンス，手芸・体操・太極拳・塗り絵・おもちゃ・絵手紙）を教えている・アニマルセラピー・老人ホームで活動・施設で（外出車椅子サポート・移動送迎サービス）・施設で（朗読・オカリナ演奏・ハーモニカ演奏・ギター弾き語り・マジック）・本のパソコン点訳・点字器での点訳・視覚障害者ガイド・視覚障害者への朗読・プールサポーター
健康・医療	・日本キリスト教海外医療協力会にて活動・病院ボランティア（オカリナ演奏・タオル帽子を寄付）
安　全	・食品改善推進活動・大阪市安心サポート支援員・通学路見守の巡回
まちづくり	・あいりん地区観光街づくり
スポーツ・文化・教育	・大阪市生涯学習インストラクター・識字日本語教室教師・音楽レクレーション講師（笑いヨガ）・文化財収蔵庫で歴史学習ボランティア・スポーツ推進委員・ニュースポーツ指導・美術館ガイド
乳幼児・児童・青少年	・絵本読み聞かせ・キッズプラザインタープリター・小学校で（昔遊び，玩具づくり）・子育て支援・折り染め教室・科学実験教室・ファミリーサポーター・SA子ども教室の活動・いきいき教室・工作指導・ロボット製作指導・幼稚園へのソロバン技術指導・虐待防止家庭子どもアドバイザー・世代間交流・子どもお絵かき教室・環境実験教室・学校給食への料理実習・算数おもしろ教室
その他	・市民後見人・成年後見人サポーター

出所：図13-1と同じ。

比較するとかなり高くなっています。

顕彰については事務局をつくり内部審査の上で高大プロフェッサー・外部有識者を中心として審査に委ねる予定です。ＫＯＵＤＡＩ　ＡＷＡＲＤにより高大内でのボランティア活動が活発化することが期待できます。シニア世代の社会参加を推進し、同世代や次の世代のロールモデルとしたいと考えています。現在の高大生・修了生のボランティア参加率を現在の三一％から一〇〇％に引き上げていくことを目指します。

(3) 校友会の地域・社会活動

校友会では九団体が社会活動をしています。大阪府からシルバーアドバイザー認定書を授与されている方々が中心の府ＳＡ連協では地域に密着した活動を実施しています。歌体操、健康マージャンなど高齢者の健康を意識して実施しています。また、文化祭、イベントを通じて会員同士のレベルアップ、スキルアップを促し、趣味の世界から健康づくり、地域・社会参加、福祉など活動の幅を拡大しています。

同窓会連協は個人、グループでの社会参加活動もしていますが、どちらかといえば趣味の追求、仲間づくりが中心です。今後は社会事業・福祉にも取り組んでいくようにしていきたいと考えています。

(4)　子ども事業への参画と拡充

なぜ高大が子ども向けにとお思いになる方も多いでしょうが、科学及び実験分野での親・子どもの関心は高く、日本の将来を担っていく子どもに正面から向き合う必要があると考えています。年に一度、子ども向けに科学実験フェスティバルを開催しています。大阪府全域に拡大して一〇〇〇人規模の子どもサイエンス・フェスティバルを二〇一六年に開催しました。一方で子供科学実験講師養成講座を開設し、また各方面からの出前講座の要請も多くなっています。子どもお絵かきコースを用意しパソコンの勉強に役立てています。父兄の参観も多く好評を得ています。行政・企業にも呼び掛け、協力をお願いしています。子ども科学実験事業の要請は大きく、日本の将来を展望し事業の拡大を図ります。助成金が十分に確保できず、企業・個人の応援を頂くと同時に、早急に認定NPO法人の資格を取得し寄付者へのメリットを付与したいと考えています。

(5)　姉妹校　NPO法人大阪区民カレッジ・大阪府民カレッジの拡充

二〇一三年に、地域密着型の学習機関としてNPO法人大阪区民カレッジを設立しました。このカレッジは、高大修了生が比較的多いのが特徴ですが、高大で経験したものを大いに地元で活かしていくために設立した経緯があります。一層それを促進するためにも、大阪市・区誌史、地元の自然、行事等をカリキュラムに取り入れて地元に興味や愛着を持ってもらうようにしていくことで、地域とのつながりが強くなり、街づくり等への参画が増えていくと考えています。

大阪市二四区の中で特に設立要請のあった三地区を選定しスタートしました。当初は七七名の受講生でしたが、大阪市以外の大阪府内の都市にも別法人として大阪府民カレッジを設立しました。今では大阪市内五地区に加えて大阪府内一地区となり四年目の二〇一六年は二五七名の受講生を迎えることになり、ようやく軌道に乗りつつあります。地域の特徴を活かしたカリキュラムの開発、講師陣の開拓により形ができ、自信になってきています。

大阪府のシニアの生涯学習機関として広域型を高大が担当し、地域密着型を大阪区民カレッジと大阪府民カレッジが担当することになります。将来の高大グループの展望については、十分な討議を重ねながら進めてまいります。

2　元気なシニアの役割と対策

学び、仲間づくり、健康づくりを三本柱として、できることなら社会へ恩返ししていくというのが高大の理念です。公共・民間と多くの学習機関が存在し、活動していますが、もっと元気なシニア向けの、シニアをターゲットにした政策があって然るべきではないでしょうか。六五歳以上の高齢者約三三〇〇万人の中の八〇％は元気なシニアです。一億総活躍社会実現のためにはシニア対策は重要です。超高齢社会にいち早く突入した日本ではグローバル・スクール、リーディング、スクール的学習機関が必要になってきます。

各地域でこのような機関が誕生し地域社会で活躍することを願っていますし、高大はそのお手伝いをしていきます。日本でシニアパワーの大きなうねりができるよう願っています。

図13-2　高齢者は「支えられる側」から「支える側」に

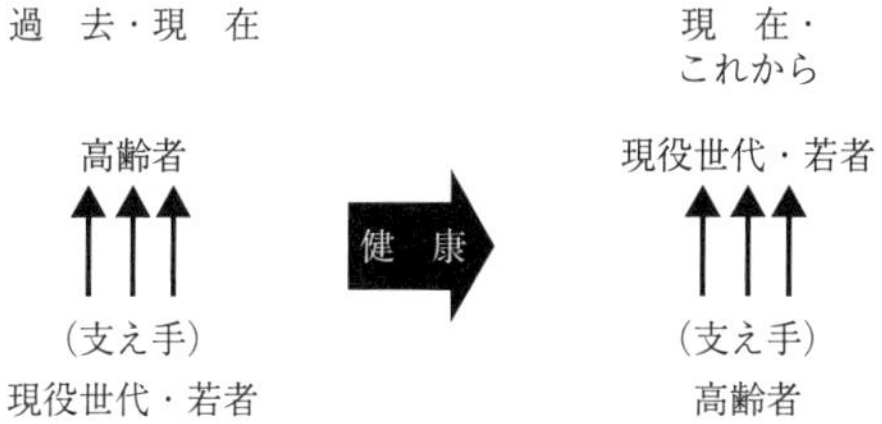

出所：椎名一博（2012）『さらば！超高齢社会悲観論』東洋経済新聞社を一部修正。

（1）現役世代への働きかけ――人材発掘、企業・団体へのPR

四〇～六〇代の企業人たちは、退職後の人生設計を考え、検討していいます。ITにも習熟し、論理的思考ができる人はたくさんいます。残念ながらほとんどの場合、会社人間として燃焼してしまい地域や市民活動をする人は数少ないのが状況です。ゴルフや旅行もいいですが、現役時代に培ったいろいろな社会的資源・能力が活用されたらどれだけすばらしいことでしょうか。

若いうちにこれらの有能な人材をボランティアの世界に巻き込めないか。日本の超高齢社会に風穴をあけ、社会に役立つことのできる人は数多くいます。企業、公務員、団体の中で現役時代に役職が比較的高い人に限って社会参画の壁は厚いといわれています。社会デビュー、地域デビューの難しいところです。今まで会社人間の人が多いということからすると当然といえば当然です。シニアを対象にしたアンケートによれば八〇％の人は社会参加し、貢献したいと願っています。高大生では実際にボランティアをやっている人は三一％程度です。

東京都新宿区にプラチナ・ギルドの会という認定NPO法人があります。この団体は市・町・村やNPO等の要請に対応して彼らの課題に対処し、問題解決していく機会を提供しています。プロジェクトチームを編成し課題に取り組んでいくいわゆるプロ集団といえます。このような問題解決型人材の確保・育成が重要です。高大としてもこの団体の考え方等を参考にして、退職後の人生設計を考えている人たちへPR活動を行い、社会福祉事業に対するリーダーとして能力を発揮し、地域・福祉・プロジェクト等問題案件に従い問題解決していくメンバーを養成・育成していきたいと考えています。

(2) 村おこし・まちおこしプロジェクトへの参画

二〇一四年に国家戦略・中山間農業特区認定を受けられた養父市と高大は、同年一一月一一日付けをもって、生涯学習（文化・教育・環境等）の発展と充実に資するため、養父市と学習事業連携に関する協定を締結しました。

二〇一五年には、両機関関係者による人的交流は、二五〇人（一年当たり）に達しました。活動内容は、雄大な自然を活かした美術教室の開催をはじめ、歴史分野の受講生は養父市における高齢者の日常活動に関する役所の福祉関係者との座談会を開催し、併せてシルバー人材センターの人達と交流しました。また、高大の大きな行事であるスポーツ交流大会、高大祭においては、養父市物産展を開催し大いに盛り上がりました。

この事業では兵庫県生きがい創造協会との協働を視野に入れています。さらなる学習事業連携の発展と充実に向けて、養父市の「地域活性化」へ本格的に取り組んでいきます。農業、自然、伝統、文化、食、森林、天体、歴史資源を活かした「地域活性化」に着手していきます。

具体的には、オーナー棚田制度を活用し、田植え・収穫などの行事を通して現地の方々との心のふれあい、交流を深めてまいります。さらに、人的交流の拠点となる古民家を活用した食・住の整備も進められており、二〇一六年からは活発な利用が期待されます。

高大は、大阪城南隣の法円坂に学舎を構えて運営をしてきましたが、兵庫県養父市を新たな学びの学舎としてさらなる展開をしていき、受講生の学びのフィールドを点から線へさらに面へと広げていきたいと考えています。養父市・生きがい創造協会・高大三者の人脈強化を図りながら益々の発展に繋がる諸施策の実行を積極的に進めていく予定です。高大では全国に目を向け過疎化の進む地域へプロジェクト方式で問題解決に取り組みます。一方で東日本被災者支援大学校として関西に避難されている人を受講料無料で迎えています。二〇一二年から被災者交流会を毎月行い、年に一回東北ボランティアツアーを実施しています。二〇一六年に五回目となりましたが継続して実施していきます。また熊本地震・糸魚川火災の被災者にも義援金を贈り、被災地支援大学校として対応してまいります。

(3) ファンドレイジング

国、府県、団体、企業の助成金に応募し社会事業のためのファンドレイジングが必要です。社会的事業、地域振興を積極的に実施するには認定ＮＰＯ法人の資格取得が必須です（二〇一七年取得予定）。簡単には寄付金は集まりません。認定を取得することにより企業、個人からの寄付金の収集がやりやすくなります。この基金を基に子ども事業、地域振興事業、社会事業に取り組んでいきます。

寄付金を幅広く募り個人からの寄付を期待しています。

最近は「クラウドファンディング」が多くなっています。使途・目的を明確にした寄付金活動が重要になってきます。高大生及び修了生にも広く声を掛けて行きます。

企業へも積極的にアプローチする必要があります。企業自体が社会責任を果たしていく時代です。高大はＮＰＯ法人のため、国、府、市からの資金的助成は一切ありません。受講生の受講料で賄っているのが現状です。高大は職員ゼロで人件費はゼロです。すべてボランティアで成り立っています。受講生二六〇五名を一九五名のボランティアが支えています。今後は広報部を通じてニュースリリースを発行し、パブリシティ活動を積極化していきます。また高大の考え方・理念をメールマガジンによって世の中に広め、民間で立ち上げたNPO法人のメリットをアピールしていく予定です。

(4) 生涯学習校との連携・協働の拡大

全国でNPO、県立、市立、社会福祉協議会立など学習機関は数多く存在しています。多くの場合は行政当局から人的、資金的助成を受けているため、指導、チェックを受けるので自由性という観点からみると制約される面があります。即ち「元気なシニアが望んでいる学習内容」というとかなり乖離があるということです。

高大では、講座改革委員会をつくり教科研究部が中心となって、分野別にカリキュラム案と講師案の作成を一年前から検討しています。教科研究部長が中心になり二〇数名で構成された委員会です。六〇数科目になり、分野別に分け活発な議論を重ねています。講師の方にも相談しますが、基本的には高大で決め講師にお願いしています。講師交流会を毎年実施し講師のご意見、ご要望も聞き、一方的にならないよう注意しています。元気なシニアが満足する先駆的カリキュラムの開発と魅力的な講師の発掘は高大に取って命ともいえるものです。

五年先を見据えた高大像を作成しています。「活き活き総合システム大学校二〇二〇」と銘うって二〇一四年から検討を始め、高大の生涯学習機関としてのあるべき姿、使命、実施事項を定め「戦略アクション会議」として内容を吟味し部門毎に発表し、実行段階に入っています。NPOであるがゆえの限界があり、資金面でのネックがありますが、高大としてはやるべきことは積極的に進めていきます。しかし、これからは関西、さらに日本のことに言及すべきだと考えています。

(5) 関西シニア大学校交流会を中心にした学習機関の拡充

徳島県を含めて、大阪府、兵庫県、京都府、滋賀県、奈良県、和歌山県の二府五県で二〇一二年から当時の徳島県知事の提唱で各府県の生涯学習校が毎年一堂に会して、シニア交流会を実施しています。二〇一六年で五年目を迎えました。幹事校を持ち回りで決め、勉強会・討論会を行い、交流を深めてきました。

二〇一六年からは関西シニア大学校として「シニア」「学びの場＝大学校」、「社会」三者が各々に相関関係を持ち合い、刺激し合い、レベルアップを図り、シニアが学習を通して、社会、地域に参加し、貢献していくというトライアングル・ニーズを作り（図13-3）実践したいと考えています。

関西シニア大学校が連合体として一体化した形であるべき姿の追及をしていきたいと考えています。一一団体の勉強会として当初はスタートし、ゆくゆくは協議会として運営していく予定です。また、日本全国に「生涯学習機関」としてアピールし、「学びの場」「シニア層」「地域社会」にも関わっていく予定です。官・民との差があり、一一団体が協働で実行するには問題もありますが、これに関わっている人たちの「熱い思い」は同じだと思います。「元気なシニアに対する生涯学習機関」としてお互いのノウハウを出し合い、相互のレベルアップを図ることができれば、日本のシニア向けの学習のために役立てることができると判断しています。

関西シニア大学校交流会は二〇一七年に第六回目を迎えますが、交流だけでなく、使命感を持って活動・実践するため、次のような「共同宣言」を採択しました。「シニア層」、「学びの場＝大学校」、「地域社会」に対し連合体として取り組んでいきたいと考えています。

図13-3　〈ひと〉〈学びの場〉〈社会〉のトライアングル・ニーズ

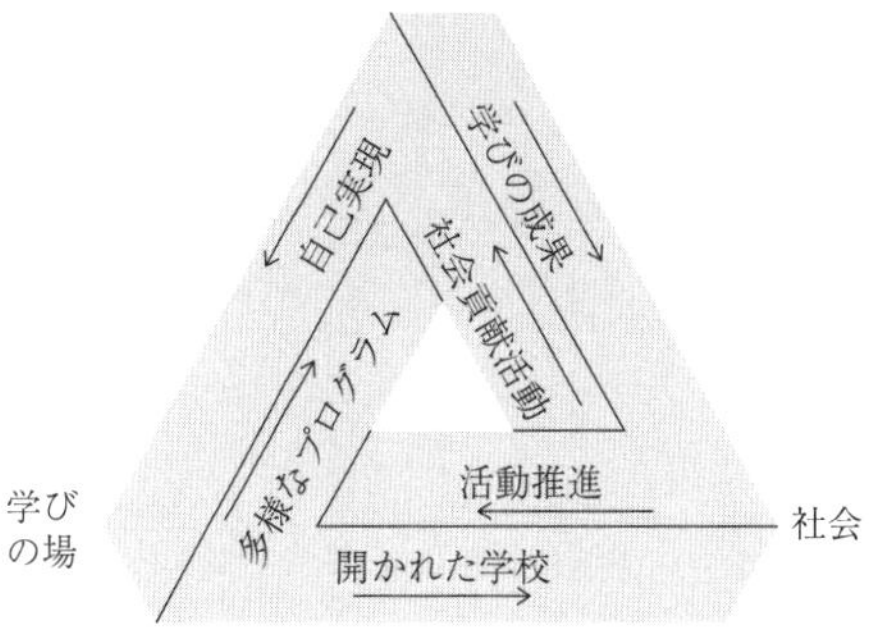

出所：図13-1と同じ。

関西シニア大学校連携　共同宣言

―前　文―

関西シニア大学校交流会も5年目を迎えます。今まで個々の組織による自主性と責任において活動してきました。今後は、超高齢社会問題に対し情報を共有し、日本のため、この解決に向けた活動を展開したいと考えます。

生涯学習はひと・学びの場・地域社会が一体となって進められることが必要です（これを「トライアングル・ニーズ」と言います）。

私たち生涯学習機関として、元気で豊かな経験や知識を有するシニアに学習や活躍の場等を提供することが使命であると考えます。

これらの実現に向け、関西のシニア大学校が組織的に連携し、イニシアティブを発揮することが求められます。そして課題解決のため活発な議論と継続的な行動を推進して行くための意志表明が肝要であります。

ここに、次のように共同宣言をします。

―共同宣言―

1．私たちは、シニアの自己実現のニーズに応えるために、学びの場（生涯学習機関）を担う主体として、多様な学習プログラムを提供し、シニアの生きがいづくりの実現を支援していきます。

2．私たちは、シニアの学びの成果を社会参加や社会貢献活動に活かせるように社会へ積極的に働きかけをしていきます。
3．私たちは、連携を深め、広く国内外の課題に目を向けて、相互交流や情報発信をしていきます。

平成二八年一〇月二八日　ここに共同宣言します。

公益財団法人　とくしま〝あい〟ランド推進協議会（徳島県シルバー大学校・大学院）
一般財団法人　大阪教育文化振興財団
特定非営利活動法人　大阪区民カレッジ
特定非営利活動法人　大阪府高齢者大学校
明石市立高齢者大学校あかねが丘学園
公益財団法人　京都SKYセンター（京都SKYシニア大学）
学校法人　関西文理総合学園（京都高齢者大学校）
社会福祉法人　滋賀県社会福祉協議会（滋賀県レイカディア大学草津校・米原校）
認定特定非営利活動法人　シニア自然大学校
特定非営利活動法人　新いちょう大学校
公益財団法人　兵庫県生きがい創造協会（兵庫県いなみ野学園ほか7校）

いろは順

（6）シニアによるシニアのための全国的学習活動と実践

今後、世界的に、「社会のパラダイムシフト[1]」がやってきています。今、超高齢社会が急速に進んでおり、この状態で日本が推移すれば大変なことになります。やることはたくさんあります。日本は世界でも類を見ない超高齢社会に入っています。今、手を打たないと日本は活力のない沈みゆく国になってしまいます。しかし、悲観することはありません。世界は日本を見ています。高齢者の生き方の模範を示すべきです。すぐ打つべき対策の一つは六五歳以上の高齢者約三三〇〇万人の内の元気なシニアへの対策です。シニアがシニアを支えなければなりません。サクセスフル・エイジングを期待しています。

官民が力を合わせて生涯学習についてアピールしなければなりません。残念ながらまだまだ「元気なシニア」に対する施策は不十分で、行政は弱者政策に偏らざるを得ないのが現状です。（行政は予算が不足して対応する余力がありません）。

高大は一年サイクルですが、修了後さらに高大で趣味を追求する人、継続して高大で仲間と楽しむ人、校友会に入って趣味や仲間と楽しむ人、地元に戻ってゆっくりする人、地域に戻って地元でボランティアをやる人、高大で学びながら社会・地域・団体でボランティアをやる人といろいろな受講生がいます。これは姉妹校である大阪区民カレッジ、大阪府民カレッジでも同じことです。

高大が今やるべきことは、二〇一六年度受講の高大生が修了時点で何をするかという時の「場づくり」「受け皿づくり」「しくみづくり」を構築することです。今、構築中であり、近々には組織化もできそうです。このことは高大、大阪区民カレッジ、大阪府民カレッジ、校友会と高大グループ全体で考え、対処していきます。前述しましたが、高大では「学習する・学ぶ」を基本に「仲間づくり」「健康づくり」を経営理念の三本柱にしています。

現在では、受講生二六〇〇名を擁する団体になり、今や、NPO法人としては日本でも有数の団体になり、関西だけではなく日本全体的視点で行動することが求められていると考えています。VOLUNTEER concierge が軌道にのり、DDS、KOUDAI AWARDが実行されると、それを高大生に紹介し、さらにはそれを実践していくようになれば高大生のボランティア参加率は格段にアップするでしょう。

政府は一億総活躍社会の実現を提言していますが、二六・七％の高齢者に着目すべきだと思います。行政は「高齢者は被扶養者」とみている面がありますが、こんな考え方は払拭すべきだと思います。

そして、この人口比率の高い高齢者層をどのように活用できるかが、一億総活躍社会を確実に実現させるためのキーワードになります。このために、「高齢者政策推進大臣」を内閣に据え、「元気なシニア」を活用することを提案します。この対策が日本を元気にし、経済を活性化していく起爆剤になると思います。これが実現されるよう日本に「うねり」を起こしていきたいと考えています。生涯学習を通じて関西シニア大学校が連合体としてシニア層にアピールしていきます。

この行動スタイルが日本全体に影響し、良い意味で刺激を与え、シニアが明るく、元気に、楽しく過ごせる環境づくりを行いたいと考え、強くアピールしていきます。私たちは「学びの場」づくりに努力し、社会・地域と協働していきたいと思っています。もっともっと社会活動を実施し、社会に役立つことを行っていく所存です。

（和田征士）

注

（1）この言葉はその時代や分野において当然の事と考えられていた認識や思想、社会全体の価値観などが革命的に、もしくは劇的に変化する事をいう（椎名一博〔二〇一二〕『さらば！超高齢社会悲観論』東洋経済新聞社）。

おわりに

「はじめに」にもありますが、本書は、NPO法人大阪府高齢者大学校（以下、高大）がNPO法人として発足して一〇年を迎えようとしているのを期に企画されたものです。

本書の出版にあたっては、大阪府老人大学の頃から長く関わっていただいている藤田綾子先生にご協力をお願いし、編集作業に関して様々な面からご指導をしていただきました。なお、編集に当たっては高大内に「高大一〇周年に向けての記念誌編集実行委員会」を、二〇一五年七月に立ち上げ、これまで数多くの協議を重ねてきました。委員会のメンバーは、次のとおりです。

委 員 長　和田征士（理事長、以下、括弧内は高大における役職）
委員（総括）　木下　明（副理事長兼広報部長）
委　　員　三田保則（副理事長兼教育部門長）
委　　員　古矢弘道（副理事長兼教育副部門長）
委　　員　西村恵子（副理事長兼本科教務部長）

委　員　佐藤宏一（理事兼会長・大阪アクティブシニア協会理事長）
委　員　小野栄治（理事兼本科教務部長）
委　員　田辺賢一（理事兼ＢＳＣ部門長）
委　員　高畑亮介（理事兼事業部門長）
委　員　水間恭介（理事兼総括部門長）
委　員　川端敏郎（理事兼情報管理部門長）
委　員　北田一誠（理事兼大阪区民カレッジ理事長）
委　員　澤井一雄（理事兼募集委員会委員長）
委　員　吉田陽子（理事兼ＢＳＣ部門・ｖ・ｃｏｎｃｉｅｒｇｅ部長）
委　員　島田潔史（理事兼戦略部門長）
委　員　鈴木紀男（前・総括部門長）
委　員　平山三郎（前・校友会会長）
委　員　西脇圀博（教科研究部長）
委　員　松島嘉津子（大阪区民カレッジ理事）
委　員　池田淳子（事業部渉外部長）
委　員　八木　進（戦略部人材発掘事業開発部長）
編集応援者　宮城義和（戦略部）
　　　　　　高橋俊之（戦略部）

また、編集作業には、高大内の他の応援者・クラスディレクター（CD）及び修了生など幅広い方々にも、ご協力いただきました。

さらに、高大プロフェッサーの先生方をはじめ、関連学問分野の先生方から高齢者を取り巻く様々な視点からのご執筆をお願いするとともに、高大の課題やあるべき姿などについての意見交換会（座談会）を企画し、幅広い貴重なご意見・提言をいただきました。

本書は高大生及び修了生が高大の歴史を知り、これからの進むべき方向を考える良い機会だと思います。また、社会的にもその価値が問えるものとして、広く一般の方にも読んでいただき、超高齢社会における高齢者の社会参加の一助となればと願っています。

最後になりますが、刊行にあたり、東京理科大学学長の藤嶋昭先生および株式会社ミネルヴァ書房編集部の音田潔様のご協力をいただきました。感謝申し上げます。

二〇一七年一月

NPO法人大阪府高齢者大学校戦略部政策部長
高大一〇周年に向けての記念誌編集実行委員会編集長
内海邦彦

欧　文

な　行

は　行

ま　行

や　行

ら　行

た　行

さ　行

索　引

あ　行

か　行

執筆者紹介（執筆順，所属，執筆分担）

和《わ》田《だ》征《せい》士《し》（NPO 法人大阪府高齢者大学校理事長，第11～13章）

佐《さ》藤《とう》宏《こう》一《いち》（NPO 法人大阪府高齢者大学校会長，第1～4・11・12章）

堀《ほり》　薫《しげ》夫《お》（大阪教育大学教授，第5・11・12章）

柴《しば》田《た》　博《ひろし》（桜美林大学名誉教授・特任教授，第6章）

佐《さ》藤《とう》眞《しん》一《いち》（大阪大学大学院教授，第7・11・12章）

陳《ちぇん》　礼《りー》美《めい》（関西学院大学教授，第8・11・12章）

藤《ふじ》田《た》綾《あや》子《こ》（大阪大学名誉教授，第9・11・12章）

柏《かしわ》木《き》　宏《ひろし》（大阪市立大学名誉教授・特任教授，法政大学特任教授，第10・11・12章）

古《ふる》矢《や》弘《ひろ》道《みち》（NPO 法人大阪府高齢者大学校副理事長，第11・12章）

三《み》田《た》保《やす》則《のり》（NPO 法人大阪府高齢者大学校副理事長，第11・12章）

編者紹介

NPO 法人大阪府高齢者大学校

前身は1979年設立の大阪府老人大学。2008年に当時の橋下知事の行政改革により予算の打ち切りと廃校が決まった。しかし，大学修了生を中心に NPO 法人を立ち上げ，自治体の支援を受けずに運営を継続させ，現在では設立当時の５倍近くの受講生を有するまでに規模を拡大させている。大学校の運営は講座を修了した受講生を中心に全員ボランティアで行っている。

高齢者が動けば社会が変わる
—— NPO 法人大阪府高齢者大学校の挑戦 ——

2017年４月10日　初版第１刷発行　〈検印省略〉

定価はカバーに
表示しています

編　者　NPO 法人大阪府高齢者大学校
発行者　杉 田 啓 三
印刷者　田 中 雅 博

発行所　株式会社　ミネルヴァ書房
607-8494　京都市山科区日ノ岡堤谷町１
電話代表　(075) 581-5191
振替口座　01020-0-8076

創栄図書印刷・藤沢製本

ISBN978-4-623-07935-3
Printed in Japan